Didier Decoin, [illegible] naît à Boulogne-Billancourt en 1945. D'abord journaliste à *France-Soir*, il collabore ensuite au *Figaro*, aux *Nouvelles Littéraires*, à *Europe1*, et participe à la création de *V.S.D.* Passionné de navigation, il est actuellement chroniqueur à la revue *Neptune Moteur*. Parallèlement au journalisme, il se lance dans l'écriture et reçoit le prix Goncourt en 1977 pour *John l'enfer*. Didier Decoin est également scénariste : il travaille pour des réalisateurs tels Marcel Carné, Robert Enrico, Henri Verneuil, et Maroun Bagdadi avec qui il recevra, pour le film *Hors-la-vie*, le prix spécial du jury au festival de Cannes. Il est également l'auteur de très nombreux scripts originaux et d'adaptations pour la télévision. En 1999, il reçoit le Sept d'Or du meilleur scénario pour *Le Comte de Monte-Cristo*. Didier Decoin est l'actuel Secrétaire général de l'Académie Goncourt où il a été élu en 1995, au couvert de Jean Cayrol appelé à l'honorariat. Il vit actuellement en Normandie avec sa famille.

AVEC VUE SUR LA MER

DIDIER DECOIN
de l'académie Goncourt

AVEC VUE SUR LA MER

NiL ÉDITIONS

ISBN : 978-2-266-16579-2

À ma femme Chantal,
À mes fils Benjamin, Benoît et Julien,
qui ont donné à cette maison
une vue imprenable sur l'amour

« Il arrive que l'on attrape un crabe avec l'ombre d'une main, que l'on retienne le vent du soir avec un bout de ficelle noué. Et il se peut parfois qu'un amour existe sans chagrin ni souffrance. »

Annie PROUX (*Nœuds et dénouement*).

1.

LA MER à Deauville. Chez nous, on disait ça d'un trait, sans respirer, cul sec et à la russe, comme quand on s'envoie un verre de vodka. Ce qui fait que les gens comprenaient *lameradovil.* Comme un nom de médicament. Ils n'avaient d'ailleurs pas complètement tort : lameradovil fut longtemps le remède familial par excellence, particulièrement souverain contre les maladies estivales.

Dès que le jardin devenait savane et croûte, que les hannetons grillaient vifs sur les branches du marronnier et que ma sœur et moi élisions domicile sous le tourniquet du jet d'eau, la famille considérait qu'il était grand temps de prendre sa dose de lameradovil : « Demain, disaient les parents, demain nous irons voir la mer à Deauville. »

La mer à Deauville était fraîche, apaisante.

Maman l'aimait pour ses ciels à la Boudin, papa pour ses coups de décoiffe à la Dufy. Moi, je la trouvais simplement verte et vernie comme une huître de Belon. Les huîtres de Belon étaient une des choses que je préférais au monde, bien avant les chocolats à la liqueur bénédictine et les escargots à l'ail.

La mer à Deauville, c'était un peu d'eau – en fait, il devait y en avoir autant que dans les autres mers, sauf qu'ici, à cause des marées, il fallait presque toujours aller chercher cette eau si loin qu'on avait l'impression que quelqu'un de goguenard s'était diverti à vider la mer juste avant notre arrivée –, mais c'était surtout du sable à perte de vue, un sable lisse et mouillé façon miroir où se reflétait la longue silhouette boisée de l'hôtel Normandy, un sable couleur pâte d'amande, consistance ciment frais.

Ma sœur et moi y imprimions la forme de nos mains, les doigts bien écartés, comme les stars d'Hollywood sur le trottoir devant le Chinese Theatre.

Mais une humidité sournoise montait aussitôt des profondeurs sablonneuses, imbibant nos empreintes dont les contours devenaient flasques, s'affaissaient, s'effaçaient. J'en déduisais que je ne serais jamais célèbre. Et c'était tant mieux, parce que je me sentais trop timide pour supporter d'être un jour reconnu dans les autobus.

À l'époque de la mer à Deauville, ma seule ambition était de devenir un ornithorynque. J'avais déniché dans la bibliothèque parentale un livre de Giraudoux qui s'appelait *Suzanne et le Pacifique*, et j'avais adoré ce moignon de scène, à peine huit lignes mais grandioses, où Suzanne parle de ses relations avec un ornithorynque, « un oiseau qui avait des poils et un bec qui avait des dents, qui se plaignait doucement par des cris de canard [...] et remuait la queue comme un chien ». Suzanne prétend n'avoir jamais embrassé l'ornithorynque, mais elle s'en défend avec tant d'ardeur que j'étais persuadé (je le suis toujours) qu'elle mentait. Et comment qu'elle lui avait roulé une pelle ! Avec la langue et tout ! Moi qui avais déjà dix ans et qu'aucune fille n'avait encore embrassé, j'aurais donné beaucoup pour être cette bête-là.

La mer à Deauville sentait l'Ambre solaire dont les baigneuses, malgré la carence en soleil, huilaient leurs bras, leurs épaules, leur nuque (alors, du tranchant de la main, elles devaient relever leurs cheveux, dévoilant un fragment de cou pâle, émouvant). L'odeur d'Ambre solaire est restée pour moi celle, affolante, de l'enfance et du désir. Les premières femmes dont j'ai rêvé sentaient ce parfum de plage : la Suzanne de Giraudoux, bien sûr, mais aussi Simone Simon, alias Eugénie de Montijo dans *Violettes impériales*, ou Ève, la blonde sœur de *Juliette de mon cœur*, héroïne d'une des bandes dessinées qui occupaient la dernière page de *France-Soir*, et jusqu'à mon tout premier et si précoce amour, une certaine Geneviève de onze ans qui, pourtant, si ma mémoire est bonne (elle me trahit rarement quand il s'agit de me remémorer des odeurs), embaumait plutôt le pipi-culotte.

Quand on allait voir la mer à Deauville, nous nous mettions en route assez tôt pour profiter d'une première baignade avant le déjeuner (lequel se composait invariablement de ces époustouflantes crevettes chaudes qui sont un sommet de subtilité dans le registre des saveurs marines et ont largement contribué à faire de moi un ichtyophage presque exclusif), puis nous rentrions après une deuxième baignade de fin d'après-midi.

Alors, ma sœur et moi nous blottissions dans la voiture, la peau frottée au papier de verre par le sable, puis vernissée de coups de soleil et mouchetée d'éclats de sel comme on en voit scintiller sur certaines mottes de beurre.

Bientôt, l'enivrante Ambre solaire était submergée par de puissants effluves de haies vives, de pelouses mouillées, de vergers. La route du retour traversait une Normandie si végétale que même Pont-L'Évêque ne sentait pas le fromage.

Le voyage à Deauville n'ayant lieu que les jours de grand beau temps, la mer m'est longtemps apparue comme l'élément le plus sage, le plus doucet, le plus anodin, le plus lénifiant du monde. Une sorte de hamac liquide tendu entre deux côtes.

C'était une mer à peu près sans bateaux, sinon les esquifs gonflables dont usaient les enfants et, quelquefois, le sillage tranquille d'un chalutier qui faisait route vers la criée de Trouville. Plus rarement, un transatlantique à coque noire et superstructures blanches quittant Le Havre, destination New York.

J'ignorais à quoi la mer pouvait ressembler la nuit venue, ou lorsqu'il y avait brume ou tempête. Pour ça, je devais m'en rapporter à mes livres.

Je lisais déjà beaucoup, surtout des récits maritimes – *Le Cargo du mystère*, *Le Bateau des hommes sans sommeil*, *Le Survivant du Pacifique*, *Une ville flottante*, *Le Secret de la* Mary Céleste. Pour la plupart livres sombres et hantés, exsudant de moites senteurs de calfat, de charbon mouillé, de rouille et de sang qui, loin de m'asphyxier, me dilataient les bronches et m'ouvraient les poumons. Je truffais mes premières rédactions de citations de Roger Vercel et d'Édouard Peisson, ce qui me valait, de la part de certains profs pour qui il n'y avait pas de salut en dehors de Rousseau, Voltaire et Chateaubriand, des appréciations du genre : « Pour dissimuler sa totale ignorance du programme de lecture, l'élève Decoin invente des auteurs qui n'existent pas. »

Je ne me défendais pas, trouvant finalement très beau que Vercel et Peisson passent pour des déré-licts de la littérature – des écrivains fantômes, comme ces vaisseaux improbables que seuls quelques privilégiés peuvent se vanter d'avoir entrevus dans les brumes. Du coup, je les dégustais et les ruminais avec le même plaisir de fruit défendu que j'en prendrais bientôt en découvrant l'*Histoire de l'œil* de Georges Bataille. Comme la mer à Deauville avec sa tiédeur de salive, sa fadeur troublante d'haleine au saut du lit, vitreuse et saline comme une sécrétion intime, tellement physiologique en somme, les océans glauques et hantés de Vercel et Peisson me laissaient aussi fébrile que si j'avais détaillé longuement une femme à sa toilette, surprise nue dans l'entrebâillement d'une porte mal close.

J'avais alors pour ami Michel T..., un garçon de mon âge, dont les parents possédaient dans la Hague, à l'extrême pointe du Cotentin, deux villas d'été, des chalets comme on disait là-bas, piqués comme touffes d'ajonc sur le dévers d'une haute falaise dominant la Manche.

Une année, ma sœur et moi fûmes invités à rejoindre Michel dans la Hague pour quelques semaines de vacances d'été.

Il était entendu que maman ainsi qu'une cuisinière et sa fille de notre âge (était-ce Adélaïde ? Adeline ? Adolphine ?...) seraient du voyage pour aider Mme T... à administrer cette surpopulation enfantine. Gestion d'autant plus délicate que le hameau de La Roche dont dépendaient les villas ne bénéficiait même pas d'une de ces modestes épiceries de campagne comme il en existait pourtant dans la plupart des villages français. Ainsi, avec la mer d'un côté et la haute rocaille de l'autre, le splendide isolement des chalets T... obligeait-il à pratiquer une économie d'insulaires, une intendance de cap-horniers.

La lumière du jour avait disparu lorsque la voiture, dont la carrosserie gémissait sous la griffure des fougères, s'engagea sur la route étroite qui, à travers une lande courue de murets de pierre sèche, dévalait en longues virgules jusqu'au hameau de La Roche.

À un virage, juste à l'amorce du raidillon de terre qui menait au premier des chalets, le pinceau des phares éclaira, l'espace d'un instant, quelque chose de livide et de furieux.

« C'est la mer », annonça Mme T... du ton à la fois respectueux et embarrassé qu'on prend pour présenter une aïeule acariâtre.

Sans doute voulait-elle plaisanter. Car j'eus beau écraser mon nez contre la vitre, je ne vis que les cheveux blancs d'un vieil ogre hurlant sa faim, une gigantesque marmite de vomi en ébullition d'où montait un remugle sauvage et musqué, un charivari de bêtes écumantes qui crachaient au ciel.

« La mer n'est pas du tout comme ça », dis-je avec assurance à la fille de la cuisinière (Baptistine, Bathilde, Bénigne ? Un de ces vieux prénoms, c'est sûr...) qui, elle, ne l'avait encore jamais vue que sur des calendriers.

Déjà la voiture s'engageait dans une allée envahie par les hortensias qui poussent dans la Hague avec une insolence d'ivraie.

Avec sa courte tour trapue et ses gros murs de granit, la maison semblait sortie tout droit d'un roman de Daphné Du Maurier dont je venais de lire, avec des frissons de terreur jubilatoire, *L'Auberge de la Jamaïque*. On n'imaginait pas y arriver autrement qu'en calèche à capote de cuir attelée à des chevaux squelettiques menés par un cocher patibulaire, tandis que des nuées effilochées couraient devant la lune et que des chiens féroces hurlaient sur la lande.

Le menton presque dans la mer – enfin, dans cette fureur qui tenait lieu de mer –, le chalet où nous allions loger calait sa nuque contre une falaise pâle qui évoquait assez bien ces canyons sur la crête desquels on voit soudain, dans les westerns, se profiler des silhouettes d'Indiens. D'ailleurs, comme pour forcer le trait, des hordes de chevaux y galopaient en liberté.

La fille de la cuisinière (Calixte ? Camille ? Caroline ?...) se serra contre moi.

Bien qu'on soit en été, le gardien avait allumé un feu dont les hautes flammes, attisées par le suroît, se contorsionnaient dans la cheminée. Ce n'était pas tant, nous apprit-il, pour assainir la maison restée longtemps inhabitée que pour empêcher le diable de descendre par le conduit, tout en rendant service, à peu de frais, aux gnomes des bruyères qui, nous aurions dû le savoir, sont toujours en quête de tisons pour rallumer leur pipe. Il était toujours utile, en un lieu aussi éloigné des bienfaits ordinaires de la civilisation, de se concilier les faveurs des gnomes, conclut le gardien du chalet sur le ton le plus sérieux du monde.

Les embruns avaient mis sur les vitres des fleurs

de sel pareilles aux cristaux de neige. Un volet, quelque part, claquait au vent. La mer était invisible, mais on l'entendait feuler comme une bête féroce.

Tandis que sa fille (Élodie ? Edmée ? Emmeline ?...) glissait des pommes de terre sous la cendre brûlante, la cuisinière battit des œufs, de la farine et du lait pour faire des crêpes.

La chambre que je partageais avec Michel avait la particularité d'être traversée par les éclats de deux phares – celui de Goury, à quelques centaines de mètres de la maison, et celui de l'île anglo-normande d'Alderney, Aurigny pour les Français, qui ressemble à un dinosaure assoupi dont la longue queue hérissée de protubérances émerge à sept nautiques dans l'ouest.

Je n'avais jamais vu de phare.

Loin de me frapper par la puissance de leurs feux, ces deux-là me firent l'effet de ces petites lampes de poche que ma sœur et moi avions l'habitude de braquer sous nos lits pour voir si des monstres ne s'y étaient pas embusqués.

Et la mer, en effet, à l'endroit où la picore le bec d'oiseau que figure assez bien la pointe de la Hague, grouille de monstres « cherchant qui dévorer ».

Dont le plus fameux d'entre eux, le raz Blanchard, longue blessure blafarde que fouaillent les courants les plus violents d'Europe, est capable d'estourbir et de démantibuler n'importe quel bateau sous les seuls coups de boutoir de ses vagues, avant de le jeter en pâture aux récifs qui affleurent autour du cap de la Hague. Ces véritables dents de la mer ont à leur palmarès l'éperonnage mortel de dizaines de navires, dont le grand et luxueux *Paris*, paquebot de la route de New York.

Des années plus tard, la présence de ces deux phares devait compter pour beaucoup dans ma décision d'acheter une maison dans la Hague – une maison où leurs faisceaux d'une blancheur mate, assourdie, entrerait librement pour se croiser et se confondre chaque nuit sur les murs de la chambre, pour danser sur mon visage sans que leurs lueurs pourtant intenses, visibles à des distances considérables, fassent seulement ciller mes yeux. J'aime l'impalpable, ce que je ne vois pas, n'entends pas, ne sens pas, et dont je sais pourtant que « ça » existe. Je soupçonne Dieu d'être de la famille des phares.

Le lendemain, il pleuvait.

Contrairement à une idée reçue, ce n'est pas un

phénomène fréquent dans la Hague où la pluviométrie est nettement inférieure à la moyenne normande. L'explication en est simple : les vents qui déferlent sur notre pointe sont si hardis, si véloces, que les nuées qu'ils entraînent passent sur nous avant d'avoir eu le temps d'ouvrir les vannes.

S'en fout la pluie, on se vautra sur la plage d'Écalgrain où je découvris une mer ronde, ventrue, fessue, qui n'avait plus rien de lameradovil, ni de mon aristocratique plate de Belon – tenant alors plutôt de la Saint-Vaast, creuse, grasse et iodée.

Les vagues couraient, empotées, laiteuses fillettes obèses. On gardait son chandail pour se baigner jusqu'au nombril, après quoi on se réchauffait en avalant de longues gorgées de thé brûlant et sucré.

À marée haute, la plage se réduisait à un croissant de galets gris. Mais, en refluant, la mer découvrait un vaste espace de sable creusé de ruissellements qui se divisaient et serpentaient entre les rochers, engendrant un réseau compliqué de lacs et de fleuves sur les rives desquels les cônes des patelles faisaient comme des tentes de nomades. Nous arpentions ce paysage d'une démarche de hérons, nous donnant l'illusion d'enjamber un monde de deltas et d'oueds – un désert impossible alliant le Sahara à l'Amazone.

Quand il nous était permis de rester sur la plage jusqu'au crépuscule, nous construisions d'immenses paquebots de sable que nous illuminions avec des lampes de poche. On s'y blottissait, frileusement drapés dans des plaids écossais, pour attendre avec un flegme de voyageurs britanniques les assauts du flot, l'écroulement de nos superstructures, le naufrage inévitable de notre *Titanic* de poussière.

Un matin, Simone T... nous conduisit à Cherbourg où un vrai paquebot, le *Queen Mary* de la Cunard, en provenance de Southampton, devait faire une escale de quelques heures avant d'appareiller pour New York.

Lorsque le transatlantique entra dans la rade par la passe de l'est pour venir s'amarrer au quai de France, je fus moins impressionné par ses dimensions et sa majesté que par ses officiers impassibles – qui n'étaient en réalité que des marmitons et des garçons de restaurant – se tenant au garde-à-vous dans l'ouverture des sabords. Tels des prêtres dans des nuages d'encens, ils étaient environnés de volutes de vapeur grasse empestant le fourneau et l'eau de vaisselle.

Tandis que les remorqueurs donnaient du mufle contre les flancs du navire pour le pousser à quai, j'eus la certitude absolue que j'étais né pour devenir l'un de ces hommes. Aucun sort, à part bien sûr celui d'ornithorynque, ne me paraissant plus enviable que de cuisiner de la tourte aux rognons (*steack and kidney pie* en v.o.) à bord d'un paquebot à coque noire, superstructures blanches et cheminées rouges, fonçant à travers les houles de l'Atlantique Nord.

Je me demande encore comment j'ai pu ne pas réaliser une vocation aussi impérieuse. Je suppose que mon erreur fut de croire que ma nullité en mathématiques m'interdirait d'embrasser une carrière pour laquelle, en fait, il suffisait de parler anglais et d'être diplômé d'une école hôtelière.

C'est au cours de ces mêmes vacances que je goûtai pour la première fois au boudin noir, au homard à l'armoricaine, à la liqueur de cassis et, plus furtivement, aux lèvres épaisses et mouillées de la fille de la cuisinière (Fanchon ? Fanny ? Florentine ?...).

J'aurais pu jouir d'une vie aussi sereine que celle qui fut – et est encore – la mienne, sans rien connaître du boudin, du homard, de la liqueur de cassis, ni même de la bouche boudeuse de la fille de la cuisinière (Gasparine ? Gudule ? Georgina ?...), mais je sais que si je n'avais jamais pu renouer sensuellement avec la Hague, il y aurait eu un manque lancinant dans mon existence.

Quelque chose comme le syndrome du membre fantôme – cette partie de soi qu'on n'a plus et qui, par paradoxe, devient une présence obsédante et douloureuse.

La fin du séjour approchant, une tristesse irraisonnée me prit à l'idée de devoir quitter ce petit pays semé de maisons courtaudes et grises, si serrées les unes contre les autres pour se protéger des bourrasques qu'elles figurent, vues du ciel, comme les écailles d'un poisson tortueux dont les nageoires seraient la dentelle mouvante des tamarins, et les yeux globuleux les boules des hortensias.

De retour en ville, j'écrivis d'innombrables déclarations d'amour pour la Hague, sous forme de *haïkaï* – il fallait en effet que ça tienne en quelques syllabes, car ces messages étaient destinés à être glissés dans de petits tubes métalliques ayant contenu des comprimés d'aspirine Usines du Rhône, que j'immergeais dans la Seine en les jetant du haut du pont de Puteaux.

Ce n'était rien de moins que le vieux principe de la bouteille à la mer, sauf que je croyais l'avoir affranchi de l'aléatoire : si tous les fleuves menaient à la mer et si toutes les mers n'en faisaient qu'une, il était certain que l'un de mes tubes finirait par s'échouer sur la plage d'Écalgrain.

Certains de mes sous-marins choisissaient de plonger dès qu'ils touchaient l'eau – je croyais entendre leurs klaxons d'alerte, l'ordre de remplir les ballasts et le « tout le monde en bas ! » du commandant. D'autres commençaient par naviguer en surface jusqu'à ce que la rencontre avec un vieux cageot ou une bestiole crevée les incite eux aussi à gagner précipitamment les abysses.

J'ignorais tout du destin final des dizaines de submersibles de la classe *Aspirine* partis du pont de Puteaux à destination de la Hague. Mais refusant l'éventualité que mes SMPM (sous-marins porteurs de messages) aient pu sombrer et disparaître corps et biens dans la vase au fond du fleuve, je poursuivais obstinément mes lancements – d'autant que j'avais remplacé les fragiles *Aspirine* par des submersibles d'une classe supérieure, les *Havanes*, élaborés à partir des longs tubes de cigares cubains que mon père rapportait parfois à la maison.

Mon entrée dans l'adolescence mit un terme aux appareillages des SMPM. Un peu parce que j'avais fini par comprendre qu'aucun de mes sous-marins, qu'il fût *Aspirine* ou *Havane*, n'avait jamais eu – et n'aurait jamais – la moindre chance de remonter la Seine jusqu'au Havre puis d'atteindre la côte ouest du Cotentin, et beaucoup parce que mes *haïkaï* en hommage à la Hague avaient cédé la place à des sonnets célébrant des boutons de rose prénommés Catherine, Hélène, Françoise ou Anne-Marie.

Dès lors, le souvenir de mon bel été chez les T... se défraîchit, perdit ses teintes et ses contours comme une photo trop longtemps abandonnée au soleil. Il ne lui resta bientôt plus qu'à rejoindre le pêle-mêle des rêves et illusions, tout au fond du tiroir où l'on range aussi le Père Noël et l'infaillibilité des parents.

L'oubli me parut même nécessaire, et la rupture salutaire, quand j'appris qu'une usine « atomique », comme on disait alors, allait être construite dans la Hague, sur la lande s'étendant entre Jobourg et Beaumont, à moins de dix kilomètres de La Roche.

Comme beaucoup d'enfants à peu près contemporains d'Hiroshima et de Nagasaki, j'avais quelque difficulté à admettre que la même technologie qui avait rasé deux villes et provoqué la mort instantanée de cent quatre-vingt mille personnes (sans compter les victimes « différées ») pouvait à présent faire dorer le gratin dauphinois, fonctionner le poumon d'acier grâce auquel survivait un de mes meilleurs copains atteint de poliomyélite, et tourner le plateau de mon électrophone Teppaz.

Une rédemption aussi rapide, ça n'était pas crédible.

Comme presque tout le monde, j'associais le nucléaire à quelque chose de mortel, à un vaste et effroyable paysage cendré, hérissé de moignons noirs, tourmentés, dont nul ne pouvait plus dire s'ils avaient été des hommes, des arbres ou des pylônes.

Beaucoup d'amoureux de la petite Hague, gens de là-bas ou horsains, prédisaient une sorte d'apocalypse sur les bruyères de la haute lande où, soumis à des rayonnements invisibles, les malheureux lapins qui avaient survécu à la myxomatose finiraient inévitablement grillés dans leur jus.

Pour autant, ils n'avaient guère d'arguments à opposer à la construction de l'usine « atomique ». Dans l'édition en six volumes du *Larousse du XXe siècle*, le mot « pollution » n'occupait alors que huit lignes, dont six étaient consacrées à l'émission involontaire de sperme. Rien sur la dégradation de l'atmosphère, de la terre ou de la mer. Impasse totale sur le terme écologie, le dictionnaire sautant directement d'écollette (rétrécissement du diamètre d'une pièce d'orfèvrerie) à Écommoy (chef-lieu de canton de la Sarthe). On ne parlait pas encore d'effet de serre ni du réchauffement de la planète qui, pourtant, avait bien dû commencer – on craignait au contraire qu'une prochaine glaciation ne fasse de Londres une nouvelle Thulé et ne rabaisse la température de Paris au niveau de celle de Mourmansk, tandis que des amis des bêtes réfléchissaient déjà aux moyens de secourir les chats du Colisée le jour où le Tibre charrierait des glaçons. Dans une totale indifférence des pouvoirs publics, et du public tout court, la France se couvrait de décharges sauvages qui, vues d'avion, donnaient à certaines campagnes l'apparence de joues adolescentes en pleine éruption acnéique. On rappelait que l'amiante (du grec *amiantos* qui signifie incorruptible) avait la vertu de protéger l'homme de l'un de ses pires ennemis, le feu, et l'on se félicitait de trouver enfin sur le marché des matières plastiques pratiquement indestructibles.

Dans ce contexte, les T... n'avaient pas grand-chose à dire ni à faire, sinon se dépêcher de négocier leurs chalets avant que les radiations ne transforment leurs hortensias en boulettes noirâtres et racornies.

D'ailleurs, ils étaient à peu près les seuls à se lamenter : il était vite apparu que les premiers coups de pelleteuse du chantier de l'usine allaient transformer une lande aride, sans autre réelle utilité que d'être sauvage et belle, et de nourrir chichement quelques épisodiques troupeaux de moutons, en un formidable réservoir d'emplois. Une fois opérationnelle, l'usine embaucherait des milliers d'habitants, fixant au pays toute une population qui, sans cela, serait partie tenter sa chance ailleurs, laissant les bourgades et hameaux de la Hague devenir peu à peu des villages fantômes.

Mais moi, à l'époque où les T... vendirent (beaucoup mieux, d'ailleurs, qu'on ne l'avait craint pour eux) leurs chalets de La Roche, je me souciais comme d'une guigne de l'économie haguaise : je ne voyais dans la construction de cette usine que la chronique d'une défiguration annoncée, le saccage d'un minuscule fragment de France qui, à un âge où les petits garçons sont pourtant moins bouleversés par un paysage que par les socquettes de leur cousine, m'avait envoûté.

Je fis ce qu'il fallait pour étouffer le mélange de colère et de nostalgie que je sentais monter en moi : je tournai le dos à la Hague, tirant un trait sur La Roche, les maisons de granit, le phare de Goury et son répondant insulaire, sur la plage bicolore comme un tableau de Rothko, gris-bleu dans les hauts et d'un beige rosé le long de la mer, et sur le vent de suroît qui, les jours de tempête, arrachait l'écume des vagues et l'envolait, crépitante et moussue, jusqu'aux falaises où des chèvres rouquines, attirées par sa saveur saline, venaient s'en poudrer la barbiche.

Durant des années, j'évitai de seulement prononcer le nom de Hague.

Jusqu'au jour où, profitant d'un moment d'inattention de ma part, Marcel Carné, avec qui je travaillais sur un de ces innombrables films qu'il ne tourna jamais, m'annonça que Jacques Prévert, mon très illustre prédécesseur aux commandes de l'atelier des scénarios carnésiens, avait acheté une maison dans la Hague avec l'intention d'y finir sa vie.

— Mais Jacques a toujours été un môme bizarre, grommela Carné qui semblait considérer qu'il fallait avoir l'esprit furieusement dérangé pour aller vivre dans la Hague – et *a fortiori* pour y mourir.

Il ajouta d'un ton réprobateur qu'Alexandre Trauner, le décorateur magicien de (entre autres) *Hôtel du Nord*, *Le jour se lève* ou *Les Visiteurs du soir*, avait, lui aussi, établi ses quartiers là-bas.

— Je me demande ce qu'ils ont tous avec ce foutu pays, dit-il en allant vers la fenêtre pour contempler un crépuscule triste et moche qui grisaillait sur Paris, mais que lui, Carné, trouvait d'un néoréalisme admirable. La Hague, il y pleut sans arrêt, et c'est plein de tout un tas de ridicules petites routes stupides qui ne mènent nulle part.

— Si, Marcel, elles mènent au bout du monde.

— Vous êtes d'une mauvaise foi stupéfiante ! s'emporta Carné, qui était lui-même le champion toutes catégories de la mauvaise foi. Le monde est une boule, mon petit vieux, et une boule n'a pas de bout. En tout cas, si Jacques meurt vraiment là-bas, qu'il ne compte pas sur moi pour aller à son enterrement.

Prévert mourut « là-bas » et, bien entendu, Marcel Carné se rendit à son enterrement. Où il arriva quand tout était presque fini parce qu'il s'était perdu sur ces ridicules petites routes stupides qui ne menaient nulle part.

Quelques mois plus tard, à la suite d'une coalition de ces hasards qu'on appelle aussi des signes du destin, ma femme et moi décidions d'acheter une maison dans la Hague.

2.

Or donc, je venais d'épouser Chantal (née Proust, habitant avenue Anatole-France et rencontrée dans une vente de livres où elle venait se faire dédicacer un bouquin d'Henri de Monfreid), lorsque Maurice Siégel, qui m'avait enrôlé dans l'équipe de journalistes chargés de lancer *VSD*, m'envoya interviewer Yves Montand sur le plateau du nouveau film dont Joseph Losey tournait quelques scènes dans la Hague.

Le titre, *Les Routes du sud*, définissait assez bien cette belle histoire de Jorge Semprun sur des réfugiés politiques espagnols, mais il jurait un peu avec le décor détrempé, grisonnant et hivernal, où Losey avait planté sa caméra : une ruelle d'Omonville-la-Petite, à moins de cent mètres de la tombe encore fraîche de Prévert.

De cette tombe devaient émaner des ondes destinées à désorienter le voyageur et à faire de lui, à l'exemple des deux escargots qui se rendent à l'enterrement d'une feuille morte, un éternel retardataire, car, comme Marcel Carné quelques mois plus tôt, je m'égarai lamentablement dans un dédale de routes sinueuses, encaissées entre des talus coiffés de haies trop hautes et trop touffues pour permettre de s'orienter.

— Je croyais que tu connaissais bien le coin, s'étonna Chantal.

— Évidemment, que je le connais ! Le problème, c'est de le reconnaître.

J'étais passé par là un nombre incalculable de fois. Mais je suppose que je m'intéressais alors davantage à la fille de la cuisinière qu'au paysage.

Il était assez tard quand nous arrivâmes enfin sur le tournage.

Concentré sur une scène difficile, Montand réclamait le silence absolu, menaçant de ses foudres les goélands qui planaient au-dessus du plateau en poussant des piaillements assourdissants. Une attachée de presse me souffla que ce n'était pas le moment de déconcentrer l'acteur. Elle m'engagea à revenir plus tard, lorsque toute l'équipe se réunirait pour dîner dans une grange – il y aurait du crabe mayonnaise, du gigot de pré-salé et de la tarte aux pommes avec beaucoup de crème normande. J'avais, m'assura-t-elle, deux ou trois heures devant moi pour m'ouvrir l'appétit.

Ce qui me donnait aussi le temps de faire découvrir à Chantal le hameau de La Roche et les fameux chalets des T... – décor d'un autre film, celui de la première nostalgie de ma vie.

Avec la lumière qui déclinait, nous risquions de nous perdre à nouveau dans le labyrinthe des petites routes. Mais après toutes ces années pendant lesquelles je m'étais refusé à seulement chuchoter le nom de la Hague, je fus soudain pris d'une sorte de fébrilité à la pensée de revoir la maison sur la falaise, et surtout d'associer ma jeune femme à ces retrouvailles. Espérant qu'elle saurait m'expliquer pourquoi, dans ce fragment d'été humide et maussade passé chez les T..., et qui au fond n'avait rien eu d'inoubliable, la villa au bout de son chemin d'hortensias, la haute lande et la mer qui se brisait à ses pieds, m'avaient tellement impressionné.

Avec ses maisons charnues aux toitures luisantes, humidifiées par les longues lèches de la brume, avec le mélange d'odeurs goulues et douceâtres qu'exhale la laisse de basse mer, La Roche a quelque chose du coquillage qui bâille.

Ses dimensions modestes pourraient faire comparer le hameau à une bernique ou à une coque, mais le corail des lichens colonisant les murs évoque plutôt la Saint-Jacques ou le clams.

Contrairement à (presque) tous les villages de France, La Roche ne possède aucune agora ni placette, aucun espace un peu ouvert, un peu large, un peu rond, où faire halte ou demi-tour : on ne peut que traverser la localité en empruntant l'une ou l'autre des deux branches d'une même route étroite qui, tel le couteau de l'écailler, pénètre, ouvre et ressort aussitôt.

La branche de gauche en regardant la mer, ou route des Hauteurs (prononcer Rrrrauteurs : le H haguais prend naissance au fond de la gorge un peu comme la *jota* espagnole puis monte en bouche où on le roule alors comme un R scandinave), est un chemin pastoral aux relents de ferme, de suint de mouton, de sous-bois et d'humus. Il suit le cours d'un ruisselet sinuant entre des mamelons plantés de fougères rousses où les renards se camouflent à la tombée du jour, guettant l'endormissement du village pour mener leur sabbat dans les poulaillers.

La route de droite, elle, consiste en une ruelle qui se glisse d'abord dans un étroit défilé de maisons grises – et plus petite est la maison, plus profond sera son gris, comme si elle avait besoin de cette densité pour tenir tête aux bourrasques – avant d'onduler en ruban de cerf-volant au-dessus des champs quadrillés de murets.

Le hameau lui-même s'étage sur trois niveaux qui lui donnent, vu de la mer, l'allure d'un de ces petits théâtres grecs adossés à une pente de colline creusée en hémicycle, les maisons figurant assez bien les spectateurs du *koïlon* se poussant de l'épaule et du flanc pour mieux voir ce qui se joue en contrebas sur le *proskênion* – le spectacle des vagues qui s'avancent masquées de blanc comme les tragédiens des fêtes de Dionysos.

L'étroitesse et les virages étriqués des ruelles décourageant la circulation automobile, j'avais décidé de laisser notre voiture à l'orée du village et de partir à pied en quête de la maison des T...

Malgré la mauvaise lumière – la tempête ayant soufflé plusieurs jours d'affilée, le ciel était encore drapé de lais funèbres qui se déchiraient brièvement pour laisser entrevoir la pastille d'un soleil terne comme une pièce de monnaie oxydée –, je pensais me repérer facilement.

Or, bien que le hameau n'ait guère changé, il me fut impossible de retrouver la maison.

J'avais beau la revoir mentalement, aussi nette et précise que si j'avais eu sa photo sous les yeux, j'étais incapable de la situer. Elle était comme ces demeures enchantées que le voyageur égaré, accueilli pour une nuit et comblé d'égards par des créatures idéales, ne doit pas quitter sous peine de ne jamais savoir y revenir.

Après avoir vainement exploré les lieux, je fis part à Chantal de mes conclusions : soit l'ancien royaume des T... avait été effacé de la surface de la Hague – un tsunami, peut-être, avait-il désagrégé la falaise et entraîné les chalets sous la mer ? –, soit j'étais victime de quelque sortilège qui m'interdisait ce retour sur un des lieux privilégiés de mon enfance.

Du ton faussement dégagé du prestidigitateur qui vient de rater son tour, je proposai d'attaquer le problème sous un autre angle, c'est-à-dire à partir de la plage d'Écalgrain et de son sentier de douaniers dont je croyais me rappeler qu'il aboutissait, entre la pointe du Houpret et le Creux du Mauvais Argent, à un ancien gabion d'où l'on découvrait la forêt d'hortensias derrière laquelle se blottissait le petit monde des T...

Je n'ai jamais vu la mer Rouge, mais je sais bien qu'elle n'est pas rouge. Pas plus, d'ailleurs, que la mer Noire n'est noire. La mer n'est rouge, vraiment rouge, qu'à Écalgrain à une certaine heure, brièvement, quand le soleil couchant, comme un tube de peinture que l'artiste écrase, dégorge brusquement une coulée de sa pâte brillante et fluide, d'un incarnat si ardent, si dévorant que les plus vives couleurs de la palette semblent tout à coup d'une tristesse de suie.

La « rougie » de la mer se propage d'ouest en est, courant comme un incendie. Portée par les vagues, elle atteint le rivage, submerge l'ourlet de la plage, s'étale sur les galets en lave incandescente, embrase les lacets de la route, escalade les falaises où elle empourpre les bruyères, l'ocre brune des fougères, le nankin des ajoncs. Le rouge investit tout, faisant du moindre gravier un rubis, transformant les bouquets d'ombelles en forêt de petits érables qui flambent dans la gloire fugitive de quelques minutes d'été indien à l'échelle d'un talus ou d'un fossé. J'ai même cru voir, perché sur un rocher où il faisait sécher ses ailes, un cormoran virer du noir à l'écarlate.

Ce soir-là, mon premier soir de Hague avec Chantal, la « rougie » ne fulgura qu'une poignée de secondes : libérée par la tempête en fuite dont la violence continuait à rôder quelque part sur la mer, une brusque déchaînée de vent étouffa les derniers brasillements du soleil sous des nuées basses, épaisses, écumantes, qui dévalaient du ciel en roulant sur elles-mêmes comme une avalanche de neige violacée.

Puis les nuages se regroupèrent, se soudant les uns aux autres à la façon des pièces d'un puzzle. Il n'y eut bientôt plus qu'une sorte de maussaderie, de couche uniforme de grisaille d'où se mit à tomber une pluie fine.

Le phare de la pointe Quesnard, au nord d'Aurigny, s'alluma.

Des moutons à tête noire s'étaient évadés de leur pâture pour descendre dans le fond d'un ravin, attirés par l'herbe grasse qu'y entretenait une source. Une paysanne et son fils s'efforçaient de les ramener sur la colline en les houspillant dans une langue courte et rauque, fustigeant d'un jonc leurs fesses laineuses, bourdonnantes de mouches.

Chantal m'embrassa à sa manière d'enfant affamée, ses courtes dents blanches et bien rangées crépitant contre les miennes. Sa bouche avait ce soir un petit goût salé.

— Est-ce que tu penses, demanda-t-elle soudain, me privant un instant de ses lèvres, que tu pourrais écrire dans un pays comme ça ?

L'écrivain serait, s'il le voulait, le plus nomade des travailleurs. Rien ne l'empêche de commencer une phrase à Paris pour l'achever à Vladivostok : autant de mots dans son roman, autant de possibilités de coins de table, de chambres d'hôte, de salles d'attente, de souches d'arbre, de capots de roof, de balustres où poser son manuscrit. Seul le rituel de l'écriture, cet ensemble de liturgies superstitieuses auxquelles il s'oblige, fait du romancier un sédentaire. Mais ce cérémonial lui-même est presque toujours transportable.

J'ai regardé Chantal avec amour. Elle n'avait pas tant posé une question qu'ouvert une porte derrière laquelle j'attendais depuis plus de vingt ans.

— Bon, dit-elle. Alors, on va acheter une maison par ici.

Sans même songer au danger d'habiter un lieu de si grande étrangeté que deux chalets de taille respectable en avaient disparu sans laisser de traces, nous avons éclaté de rire comme deux chenapans qui viennent d'avoir l'idée d'une farce magnifique.

Reprenant notre baiser là où nous l'avions interrompu.

Tard dans la nuit, dans une brasserie de Cherbourg où nous nous étions attablés devant un plateau d'huîtres – occupé à noter sur un carnet tout ce que racontait Montand, je n'avais pas tellement profité du dîner de production et je mourais de faim –, Chantal me décrivit comment elle voyait notre future maison dans le « pays comme ça ».

Puis, la tête pleine de rêves et de vent d'équinoxe, elle s'endormit sagement, la joue posée sur mon épaule, après avoir poussé vers moi la dernière huître en murmurant : « Cadeau... »

Nous choisirions, avait-elle dit, une maison modeste, assez proche de la mer pour saler des tomates rien qu'en les exposant aux embruns sur le rebord d'une fenêtre. La bicoque aurait appartenu à un vieux pêcheur, elle sentirait encore le poisson fumé dans la cheminée, la pomme et la grosse lessive, elle craquerait et grincerait sous les coups de boutoir du suroît, nous la remplirions de livres de marine que nous lirions à la lueur des bougies car, les premiers temps, le compteur électrique disjoncterait sans arrêt.

Elle serait grise, granitique, probablement pas bien belle. D'ailleurs, bâties selon des critères qui doivent plus au bon sens du maçon qu'à la vision de l'architecte, les maisons haguaises ne sont pas des parangons de grâce ni de légèreté. Une force râblée leur tient lieu d'harmonie. Plutôt des souches que des arbres, elles sont enracinées dans le rocher ou dans la lande, écailleuses et bosselées comme des tortues.

Nous l'aurions pour une bouchée de pain, pensions-nous, car personne d'autre que nous deux n'en voudrait – ce dont notre Quasimodo de maison nous serait à jamais reconnaissante. Nous espérions l'acheter lors d'enchères à la bougie, cérémonie dont nous ignorions tout mais qui nous enchantait d'avance par son côté Maupassant, qui se déroulerait dans quelque tanière de notaire fleurant l'encaustique, le napperon amidonné et le calvados, un jour de bruine de préférence, avec des cris de mouettes dans le lointain.

Nous n'avions bien entendu pas l'ombre du premier sou pour nous lancer dans une opération immobilière, fût-ce l'acquisition d'une cage à oiseaux.

3.

DURANT LA Première Guerre mondiale, mon père pilotait, dans la prestigieuse escadrille de Guynemer, une extravagante libellule de toile et de bois dont on lui avait juré qu'il s'agissait d'un avion de chasse. Et de fait, l'insecte volait. Du moins quand il faisait beau et que les mitrailleurs ennemis ne s'acharnaient pas trop sur lui.

Un jour qu'il avait essuyé les feux conjugués d'une batterie antiaérienne et d'un biplan à croix noires embusqué sous l'ourlet d'un nuage rose, mon père, bien que blessé, avait tout de même réussi à ramener dans les lignes françaises son aéroplane transformé en passoire.

En s'extrayant de la carcasse, il avait recensé soixante-seize impacts. Avec l'éclat que lui-même avait reçu dans le dos, cela faisait soixante-dix-sept raisons de mourir. Et donc soixante-dix-sept miracles puisqu'il était toujours là pour les compter.

Il en avait déduit que ce nombre était pour lui celui de la chance, et il me l'avait en quelque sorte légué, me prédisant que 1977 serait le millésime de ma vie.

Il ne s'était pas trompé puisque cette année-là j'épousai Chantal en septembre, mon roman *John l'Enfer* obtint le prix Goncourt en novembre et, en décembre, nous apprîmes que nous allions avoir notre premier enfant.

Le soir du Goncourt, dans l'odeur de sucre chaud d'une crêperie où j'attendais l'heure de me rendre à une émission de radio, Chantal et moi levâmes nos bols de cidre pour célébrer le prix qui, entre autres conséquences heureuses, allait nous permettre l'achat de la petite maison pas très belle dans la Hague magnifique.

Restait à la trouver, mais nous étions confiants : dans une région qui avait la réputation d'être la poubelle nucléaire de la France, les maisons à vendre devaient pulluler, et leurs propriétaires seraient trop contents que nous les en débarrassions.

Nous envisagions d'ailleurs l'acquisition d'un compteur Geiger, pensant que le nombre certainement spectaculaire de becquerels imprégnant nos futurs murs pourrait nous donner quelque avantage lors des négociations – idée vite abandonnée parce que nous n'avions pas la moindre idée du genre de magasin susceptible de vendre un Geiger.

Notre stratégie était simple : entre deux tournées en province pour la promotion de *John l'Enfer*, nous irions explorer minutieusement la Hague, hameau par hameau, et dresser la liste de toutes les maisonnettes portant la pancarte *À vendre*.

Après les avoir classées dans un ordre préférentiel, nous nous adresserions aux notaires et agents immobiliers concernés pour les visiter. Il nous semblait raisonnable d'envisager un quota de trois visites par jour. À supposer que nous nous emballions pour une quinzaine de maisons, il suffirait donc de rester sur place du lundi au vendredi pour faire le tour de la question. Le week-end prolongeant ces cinq jours serait consacré à peser le pour et le contre de chaque maison sélectionnée et, le lundi suivant, nous serions en mesure de faire connaître notre choix.

Il ressortait de cette sorte de *blitzkrieg* immobilière que nous serions propriétaires d'une maison au plus tard à la fin du printemps. Nous passerions l'été à la rafistoler un peu, avant de regagner Paris pour la naissance de notre enfant.

Notre premier voyage exploratoire ne laissa pas de nous déconcerter : contre toute attente, on ne voyait nulle part de pancartes *À vendre*.

Sans doute la faute en était-elle aux vents hurlants qui se déchaînaient régulièrement sur la Hague et emportaient les panonceaux : les gens, bien sûr, en avaient par-dessus les oreilles de poursuivre leurs pancartes à travers la lande, et ils finissaient par renoncer à les accrocher aux volets.

D'ailleurs, la plupart des maisons n'avaient pas de volets, ce qui était peut-être une autre explication à l'absence de pancartes.

Alors, nous décidâmes d'interroger directement les notaires, leur expliquant que nous étions en quête de quelque chose de simple et de bon marché.

Comme nous l'avions pressenti, il y avait des dizaines et des dizaines de propriétés correspondant à nos vœux. Me B..., notamment, semblait en détenir un portefeuille véritablement impressionnant.

Consulté par téléphone, il s'étonna que nous n'ayons pas remarqué les innombrables affichettes portant la marque de son étude placardées un peu partout dans la Hague. À l'en croire, nous ne pouvions donner un tour de roue sans tomber sur un des biens immobiliers dont on lui avait confié la vente. Mais probablement, comme tous les jeunes mariés, en étions-nous encore à trop nous regarder dans le blanc de l'œil pour voir ses affichettes. Qu'à cela ne tienne : il allait nous faire parvenir une liste d'adresses et ce serait bien le diable si, dans tout ça, il n'y avait pas précisément ce que nous cherchions.

Les maisons que nous recommanda Me B... réclamaient de l'intuition pour les dénicher, et un véhicule plus proche du tracteur agricole que de la berline de ville pour les approcher.

Quand, après des heures d'errance, on avait enfin trouvé la merveille annoncée, généralement au bout d'un chemin de terre creusé d'ornières boueuses (sentier dont même les paysans du coin semblaient ignorer l'existence), elle se présentait la plupart du temps sous l'apparence débilitante d'une grange ruinée, d'un poulailler démantibulé ou d'un hangar ouvert à tous les vents.

L'une d'elles, dont le descriptif annonçait qu'elle jouissait de la vue sur la mer, était en réalité un vieux garage désaffecté trônant au milieu d'une décharge sauvage. On apercevait dans le lointain quelque chose qui pouvait ressembler à la mer – mais à travers un rideau d'inquiétantes fumerolles à l'odeur écœurante.

Après deux journées éreintantes, nous retournâmes auprès de Me B... pour lui exposer notre déconvenue. Il parut sincèrement surpris :

— J'avais cru comprendre que vous vouliez quelque chose de bon marché. Tout ce que vous voyez depuis quarante-huit heures est relativement abordable.

— Relativement ? explosai-je. Je crois, moi, que notre chèque, au cas où nous serions assez fous pour faire l'acquisition d'un de ces gourbis, devrait nous être retourné accompagné d'un *pretium doloris* – une sorte de prime pour récompenser notre courage.

— Ou notre masochisme, appuya Chantal.

— Je vois ce que c'est, fit le notaire sans s'émouvoir. Vous souhaitez quelque chose de coquet. Je ne dis pas que ce soit impossible à trouver. Mais évidemment, les prix seront en conséquence.

Je fis valoir que nous étions dans la Hague. Me B... fronça les sourcils :

— Oui, et alors ?

— Eh bien, affirmai-je d'un ton péremptoire, ici tout est forcément moins cher qu'ailleurs. Et même *beaucoup* moins cher : la Hague, dépotoir nucléaire, grosse poule de granit couvant l'œuf hideux d'une prochaine apocalypse atomique[1], futur Pompéi *made in* Normandie...

— ... ou encore, enchaîna le notaire avec une soudaine hilarité, Hiroshima au pays des pommiers. Ce qui est idiot, n'est-ce pas ? parce que les pommiers ne poussent pas sur nos landes. Enfin, ce ne sont pas les slogans qui nous manquent. Ni surtout les couillons pour les inventer. Mais dites donc, reprit-il en cessant de s'esclaffer, pourquoi cherchez-vous à acheter par ici si vous croyez réellement que la région est pourrie ?

— En fait, avouai-je un peu piteux, nous n'en croyons rien. Mais nous étions persuadés que les gens du coin, eux, le croyaient. Et qu'ils allaient brader leurs maisons à cause de ça.

Cette théorie relança l'hilarité de Me B... Comme elle allait réjouir tous les Haguais auxquels je devais l'exposer par la suite. Je continue d'ailleurs à la trouver moi-même des plus désopilantes, surtout quand un ami me confie qu'il nourrit le projet de devenir lui aussi propriétaire dans la Hague « pour une bouchée de pain, mon vieux, parce que dans ton coin, avec les atomes et tout ça, je parie que les baraques ne valent pas tripette... ».

— Soit, dis-je à Me B... À défaut de faire une

---

1. Je ne sais plus où j'ai lu (ou entendu) ça, mais quelqu'un a bel et bien osé la formule...

affaire, voyons du moins si nous pouvons nous faire plaisir. Dans le genre *vraiment* habitable, qu'auriez-vous à nous proposer ?

— À peu près rien.

— Comment ça, rien ? Vous disiez à l'instant...

— ... que ça *pouvait* se trouver. Mais là, maintenant, tout de suite, à l'heure où nous causons, bernique ! Ici, voyez-vous, on garde ses biens. Même les saletés de blockhaus que les Allemands ont semés un peu partout dans la Hague, les gens refusent de s'en défaire. Quand une propriété change de mains, c'est presque toujours par héritage. Alors, si vous tenez absolument à acheter dans la région, il va falloir vous armer de patience.

— Et à combien de mois l'estimez-vous, cette patience ?

— À votre place, je compterais en années.

Nous quittâmes Me B... avec la conviction que, derrière son apparence de notaire de province affable et bon vivant, se dissimulait un dangereux pervers qui, ne pouvant trouver sa jouissance qu'en sapant le moral de ses concitoyens, utilisait le découragement comme d'autres l'arsenic.

Je l'imaginais assez bien sous les traits de Michel Serrault dans un film de Chabrol, quittant son étude courbé sous le crachin, se dirigeant en ricanant vers quelque brasserie où il avait ses habitudes – et surtout ses victimes auxquelles il instillait subrepticement des doses de pessimisme qui, pour n'être pas létales, étaient mesurées de façon à provoquer des lésions irréversibles dans leur aptitude au bonheur.

En réalité, comme nous allions bientôt le constater, Me B... était un notaire lucide et pétri d'honnêteté dont le seul tort avait été de ne pas vouloir nous bercer d'illusions.

D'ailleurs, les agents immobiliers auxquels nous nous adressâmes dans l'espoir qu'ils seraient moins démoralisants que le notaire nous tinrent à peu près le même langage :

— Une mignonne petite maison de pêcheur dans la Hague ? Il en existe, pour sûr. Mais pas à vendre.

— Et une pas trop mignonne, qu'il faudrait refaire de fond en comble ?

— Ça, on peut voir.

Ce fut très vite vu.

La première que nous visitâmes était charmante, sauf qu'elle donnait sur un cimetière. Comme nous expliquions à son propriétaire que nous recherchions une maison de caractère résolument maritime, il nous rassura : nombre des sépultures que nous avions sous les yeux étaient des tombes de marins – si ça n'était pas du caractère maritime, qu'est-ce qu'il nous fallait !

Une autre habitation avait la particularité déconcertante de posséder une cuisine séparée du reste de la maison par une route qui coupait la propriété en deux. Cette route n'était sans doute qu'un chemin vicinal, mais Chantal n'était pas franchement emballée à l'idée de devoir attendre qu'un troupeau de vaches ait fini de défiler pour pouvoir sortir le soufflé du four.

— Faut pas vous perturber pour si peu, dit d'un ton rassurant la brave femme qui nous faisait visiter. Des vaches, il n'en passe pas tous les jours. Ici, c'est plutôt des moutons...

La troisième maison qu'on nous indiqua prenait l'eau. Tout n'était qu'infiltrations sournoises, goutte à goutte lancinant qui tic-toquait dans des cuvettes, serpillières grises vautrées un peu partout comme des colonies de phoques, huisseries si gondolées par l'humidité qu'on eût dit les portes et les fenêtres d'un Mickey de l'époque où Walt Disney obligeait ses dessinateurs à ne tracer que des lignes courbes. Il y avait même, dans l'escalier menant au grenier, une sorte de ruisselet mutin qui cascadait de marche en marche. Une odeur de champignonnière et de sous-marin en perdition prenait à la gorge.

Dans la cuisine, sagement assis à une table de

ferme dont les pieds noircis indiquaient le niveau auquel était montée la dernière inondation, une fillette et son frère faisaient leurs devoirs. On s'étonnait qu'ils n'aient pas enfilé de brassières de sauvetage.

D'où venait cette eau ? Les propriétaires n'en savaient rien. À les en croire, elle avait toujours été là. À la longue, ils s'étaient habitués à elle. Au point que, quand elle se tarissait parfois à la suite d'une période de sécheresse, ils avaient l'impression d'avoir perdu un animal familier.

Le plus déconcertant, chez ces gens-là, n'était pas qu'ils soient une sorte de compromis (somme toute assez réussi) entre l'être humain et le castor : c'était leur insondable gentillesse. Il nous fallut bien du courage pour leur annoncer notre décision irrévocable de ne pas acheter leur maison. Ils ne protestèrent pas, n'essayèrent pas de nous faire revenir sur nos positions – ils se contentèrent de hocher tristement la tête avec l'air de penser que nous ne savions pas ce que nous perdions. Puis la mère Castor prit une miche de pain, en coupa une grosse tranche qu'elle tartina de beurre de baratte et saupoudra de chocolat râpé :

— Tenez, ma belle, dit-elle en l'offrant à Chantal, faites-vous de bonnes joues avec ça.

En les quittant, nous nous retournâmes pour leur dire au revoir. Ils étaient agglutinés derrière une vitre, tels des poissons dans un aquarium. Les cheveux de la petite fille pendouillaient comme des algues.

Il fut bientôt patent que notre *blitzkrieg* menaçait de tourner à la guerre d'enlisement. D'autant que la grossesse de Chantal approchant de son terme, nous avions dû fortement ralentir notre campagne d'investigations.

Nous déclenchâmes alors l'alerte rouge : pendant qu'à l'arrière des lignes ma femme et moi (elle surtout) allions nous consacrer à la venue au monde de Benjamin, tout ce que la Hague comptait de tabellions et d'agents immobiliers fut mobilisé.

Et si nous renonçâmes à placarder une série d'affiches, c'est uniquement parce que Chantal, très exigeante en matière de respect de l'environnement, refusait de consteller la Hague de portraits-robots de la chaumière tant convoitée portant l'inscription *Wanted dead or alive*.

Quelques semaines avant la pause-bébé, nous nous mîmes en quête d'un QG d'où, au printemps suivant, nous pourrions rayonner sur un front qui, sur la côte ouest, descendrait jusqu'à 49 14 nord et 1 30 ouest (la lande de Lessay, fief de Barbey d'Aurevilly) et, sur la côte est, s'étendrait jusqu'à 49 35 nord et 1 17 ouest (Saint-Vaast-la-Hougue et l'île de Tatihou).

Ce qui revenait à ratisser plus large que prévu et à sortir notablement du périmètre sacré de la Hague. Mais il s'agissait en fait d'une ruse destinée à endormir la méfiance des maisons haguaises en leur laissant croire que, si elles s'obstinaient dans leur refus d'être vendues, nous n'hésiterions pas à opérer un repli stratégique sur Barfleur ou Portbail.

Nous choisîmes l'Hôtel de la Marine, à Carteret, comme base de lancement de nos futurs raids.

Déjà à cette époque, l'établissement présentait le double attrait d'offrir de confortables chambres sur la mer et un restaurant (vraiment) gastronomique. Détail logistique non négligeable : M. et Mme Cesne, les propriétaires, avaient promis, lorsque sonnerait pour nous l'heure de l'assaut final, de nous héberger avec notre bébé et notre chien – et cela même si leur hôtel affichait complet.

Malgré la mise en place de ce dispositif, nos recherches étaient toujours aussi infructueuses lorsque Benjamin souffla sa première bougie.

Il est vrai que l'arrivée quasi simultanée dans notre foyer d'un enfant et d'un chien nous avait conduits à réviser quelque peu le cahier des charges : il fallait désormais à notre maison ce que l'hébreu nomme éden et que nous traduisons par jardin.

Habitant une résidence principale déjà dotée d'un espace vert assez conséquent pour justifier l'intervention hebdomadaire d'un jardinier, nous ne souhaitions pas un grand jardin : nous comblerait une simple courette herbue où Benjamin l'enfant et O'Contraire le chien pourraient s'ébattre sans avoir l'impression d'être deux hamsters encagés.

À peine avions-nous prononcé le mot jardin qu'on cessa brusquement de nous proposer d'humbles maisons de village composées d'une pièce sombre surmontée d'une vague soupente (souvent si basse de plafond qu'on comprenait pourquoi elle était principalement squattée par des bestioles courtes sur pattes, genre fouines, souris, blattes ou scolopendres) pour nous aguicher avec des manoirs en ruines garanties d'époque, dont les arcs-boutants semblaient des étraves de vaisseaux fantômes fendant une houle de plantes rudérales, et où des arbres creux, dévorés par des mycoses géantes, figuraient une mâture qui ne manquerait pas, à la prochaine tempête, de s'abattre sur nous dans un fracas de cap Horn.

Quand nous réaffirmions notre volonté d'avoir un jardin sans entretien, il nous était répondu que, de nos jours, un parc de château ne s'entretient plus, surtout si l'on veut y attirer des sangliers et des renards. Si nous protestions alors que nous n'avions que faire de ces bêtes-là, on nous laissait entendre que nous étions des parents imprévoyants :

— Songez, madame et monsieur, que l'endroit est isolé. Quels petits camarades de jeux croyez-vous qu'il va trouver ici, votre gentil gamin, s'il n'a pas au moins les animaux sauvages ?

En désespoir de cause, je suggérai à Chantal d'acquérir un terrain nu sur lequel nous ferions construire la maisonnette de nos rêves.

La Hague regorgeait de falaises plongeant dans la mer, du haut desquelles nous serions assurés d'avoir une vue imprenable.

— Et des accidents épouvantables, frissonna Chantal.

— En ce cas, achetons un terrain plat.

— Oui, mais je tiens à la vue sur la mer.

— Alors, le genre herbage qui s'achève en douceur dans les flots.

— Oui, mais un herbage, ça pousse, il faudra tondre.

— On y mettra des moutons.

— Oui, mais ça fait des crottes.

— Le vent de la mer aura vite fait de les dessécher, on les utilisera comme combustible, des tas de peuplades font ça avec le crottin des chameaux.

J'avais réponse à tout. La solution était enfin à portée de main, plus rien ne pourrait m'en détourner.

Nous reprîmes les petites routes que nous hantions depuis bientôt deux ans, mais cette fois en nous écartant délibérément des bouquets de maisons pour nous approcher au plus près du rivage.

L'odeur du goémon et le bruit du ressac nous faisaient parfois fermer les yeux de bonheur, comme les chats quand ils se lovent près du feu. Nous poussions des barrières, enjambions des murets, tapions du pied dans la bouse :

— Ici, ce sera ici !

— Et là-bas ? Tu ne crois pas que ça serait mieux là-bas ?

Nous rentrions à l'Hôtel de la Marine exténués, les yeux rougis et la peau tendue par le sel, avec la démarche balancée et l'attitude un peu penchée des marins qui ont dû faire front aux éléments déchaînés.

Benjamin piquait du nez sur son petit pot sole-haricots, le chien O'Contraire s'étalait de tout son long en montrant une érection impressionnante qui n'avait rien de sexuel – ce boxer était tout simplement atteint d'une sorte de priapisme du bonheur.

Tout en suçotant des pattes de crabe avec des

extases de flûtistes (tandis qu'au dehors la bourrasque assumait le reste de l'orchestre), Chantal et moi entamions alors une discussion passionnée sur l'emplacement où nous allions construire.

La configuration des côtes de la Hague ne nous donnait guère le choix qu'entre une exposition au nord ou à l'ouest.

L'ouest nous promettait de somptueux couchers de soleil, mais aussi l'agression des vents dominants. La côte nord, plus languide, avait pour elle d'avoir vu naître Jean-François Millet et mourir Jacques Prévert. Elle offrait aussi une bande littorale plus large et continue, et donc plus riche de possibilités. Elle était d'ailleurs réputée pour son hospitalité depuis la nuit des temps, comme en témoignaient ces sépultures de l'âge du bronze où l'on avait découvert des squelettes d'amants passionnément enlacés, entourés de restes de bijoux et de fougères fossilisées.

La salle à manger se vidait peu à peu. En étouffant des chapelets de bâillements roses, les servantes dressaient déjà le couvert du petit déjeuner. C'était l'heure de s'étirer avec un sourire béat, en se disant qu'on avait, ce soir encore, sacrément bien mangé, et qu'il faudrait demander au patron l'une ou l'autre de ses recettes pour régaler nos amis quand ils viendraient nous voir dans notre maison de la Hague.

Je mettais sa laisse au chien, Chantal emmitouflait Benjamin dans un châle, et nous partions déambuler un moment sur le quai le long du chenal.

Au jusant, des bancs de sable, pâles et potelés comme des bélougas, perçaient le frémissement moiré des eaux refluant vers la mer. O'Contraire, un des rares chiens au monde à avoir la frousse des chats, aboyait après les casiers à homards empilés le long de la digue – véritable cité féline où les matous venaient faire des songes gourmands dans le parfum envoûtant des entrailles de poisson avarié dont les pêcheurs se servaient pour appâter leurs nasses.

Nous éprouvions une pointe de nostalgie en songeant que, lorsque nous serions enfin chez nous dans la Hague, ce qui d'évidence n'allait plus tarder, nous n'aurions plus aucune raison de venir passer ces nuits tranquilles à Carteret.

C'était oublier qu'il nous manquait encore l'essentiel : l'autorisation de poser notre maison sur un de ces terrains que nous avions repérés et identifiés comme étant d'authentiques parcelles du paradis.

Comme nous en avait prévenus Me B..., la première caractéristique de la terre normande n'est pas d'être argileuse, limoneuse ou sablonneuse : c'est d'abord de n'être pas à vendre.

Quand les merveilleux « herbages qui descendent en douceur vers les flots » n'étaient pas la propriété jalouse de paysans qui auraient préféré voir leurs vaches transformées en grenouilles plutôt que de se dessaisir de leurs pâtures, ils étaient protégés par des organismes dont les intitulés, dans un premier temps, nous firent rêver : le Domaine maritime, le Conservatoire du littoral, les Sites...

À dire vrai, nous nous sentions remplis d'affection pour ces administrations dont la mission, que Chantal et moi approuvions sans réserve, était de défendre bec et ongles la pureté – et la fragilité – des rivages haguais.

Mais après quelques raids de reconnaissance dans les méandres de ces services, nous eûmes une horrible révélation : le simple fait de prétendre ériger une petite maison en bordure de mer nous rendait suspects d'appartenir à la mafia des promoteurs-profiteurs-esquinteurs qui ont trop longtemps abusé de ce que l'État avait le dos tourné pour poser des étrons de béton armé le long des côtes de France.

Nous partîmes sur la pointe des pieds, sans insister.

Nous aimions déjà trop ce pays pour nous plaindre qu'il soit enfin protégé, même si notre rêve risquait de faire définitivement les frais de cette protection.

4.

UN SOIR, très exactement deux ans et six mois après avoir décidé d'acheter une maison dans la Hague, nous nous retrouvâmes à notre point de départ : le hameau de La Roche.

Nous avions interrogé tous les notaires, écumé toutes les agences immobilières, passé au crible toutes les annonces de *La Presse de la Manche*, de *La Manche libre* et d'*Ouest-France*. En vain. Alors nous étions revenus là déposer les armes, reconnaître notre défaite et dire adieu à cette foutue petite terre qui, d'évidence, ne voulait pas de nous.

Il faisait le même temps que la première fois, un temps queue de tempête entre livide et violet, un parfait temps de renoncement et d'abandon.

Comme pour ajouter à notre déconfiture, les chalets des T... étaient miraculeusement réapparus. En fait, ils n'avaient été victimes d'aucun tsunami, ni engloutis dans une faille de l'espace-temps. Mais l'exagération propre aux souvenirs d'enfance les avait démesurément grandis, démultipliés dans ma mémoire, au point que j'en avais fait tout La Roche à eux seuls : je les avais cherchés dans un environnement villageois, alors qu'ils se dressaient à une centaine de mètres en retrait du hameau, au détour du chemin des douaniers, comme deux jumeaux qui n'ont que faire du reste du monde.

Loin d'être une consolation, ces retrouvailles m'avaient fait l'effet d'une provocation. C'était mon enfance qui s'était soudainement manifestée sur la lande, mon enfance rancunière qui m'en voulait de l'avoir quittée, mon enfance réincarnée dans ces deux maisons qui à présent me narguaient :

« Tu ne nous auras pas, ni nous ni aucune de nos sœurs ! Ton pauvre argent n'y peut rien. Si tu aimais ce pays, il ne fallait pas le quitter – les gens d'ici ne sont pas fous, eux, ils ne s'en vont pas à la fin des vacances. Il ne fallait pas faire semblant de nous oublier – les gens d'ici ne trichent jamais. Il ne fallait pas jouer à l'écrivain – les gens d'ici se contentent d'ici, et c'est ça qui les rend heureux. »

Le pire est qu'elles avaient raison, ces petites pestes.

Avant la volte-face définitive, Chantal et moi humions une dernière fois le vent qui sentait le varech et le figuier, la bouse de vache, le feu de bois et cette petite odeur acide qu'exhalent les ardoises mouillées, lorsque soudain, au coin d'une vieille grange, apparut une fée qui portait un panier plein d'herbe – probablement pour préparer ses philtres.

C'était une drôle de trotte-menu nippée de bric et de broc, le cheveu noir et un peu gras, à qui manquaient deux ou trois dents. Comme dans *La Chanson d'Hélène*, les trois capitaines de Georges Brassens l'auraient appelée vilaine.

C'était pourtant une fée véritable car, en réponse à Chantal qui, sans y croire mais pour être en paix avec sa conscience, lui demandait si, par extraordinaire, elle n'aurait pas entendu parler d'une quelconque maison à vendre dans les environs, Trotte-Menu fit passer son panier de simples d'un bras à l'autre et, pointant un doigt à l'ongle endeuillé en direction d'un portail en bois plein, elle chuinta entre ses dents absentes quelque chose comme : « Là derrière, y en a une. »

J'avais lu assez de contes pour savoir que les fées sont par nature des êtres facétieux et d'humeur badine. Et j'étais moi-même (je suis toujours) quelqu'un qui ne se formalise pas qu'on lui concocte une bonne farce. Mais j'attends de mon farceur qu'il connaisse les limites au-delà desquelles sa blague devient par trop humiliante et cruelle.

Et là, franchement, Trotte-Menu outrepassait les bornes.

— C'est au moins la centième fois que nous explorons ce village, lui dis-je d'un ton pincé. Alors, s'il y avait une maison à acheter, vous pensez bien que nous le saurions. D'ailleurs, si c'était le cas, il y aurait une pancarte ou une affichette. Quand on veut vendre une maison, on le signale.

La fée haussa les épaules, comme pour signifier que ces trucs-là étaient bons pour les simples mortels. Chez les fées, on était au courant des choses sans avoir besoin de les écrire sur des bouts de papier.

— Des fois que vous voudriez jeter un œil, reprit-elle, z'avez qu'à regarder par-dessus la porte. Y a personne, à c't'heure. Bon, c'est pas tout ça, j'ai mes lapins à nourrir. Bonsoir, m'sieur-dame.

Elle nous tourna le dos et, aussi brusquement qu'elle s'était matérialisée, disparut dans la brume qui montait de la mer.

— Curieuse petite bonne femme, fit Chantal.

— Moi, ricanai-je, je ne m'y suis pas laissé

prendre : ma main à couper que c'était une Dame blanche.

— Qu'est-ce que c'est, une Dame blanche ?

— Oh ! c'est très réputé par ici : ce sont des espèces de garces de créatures du diable qui s'embusquent au bord des chemins en attendant qu'un voyageur égaré leur demande sa route. Elles lui indiquent une direction erronée, généralement le bord d'une falaise d'où il fera une chute mortelle, ou quelque marécage où il s'engloutira.

— Si c'était une méchante personne, genre sorcière et tout ça, est-ce qu'O'Contraire n'aurait pas essayé de la bouffer ?

— O'Contraire, fis-je remarquer, s'appelle O'Contraire parce qu'il fait systématiquement le contraire de ce qu'on est en droit d'attendre d'un chien normalement constitué.

Nous nous approchâmes du portail en bois plein aussi prudemment que s'il s'agissait des portes de l'enfer et regardâmes par-dessus.

Au bout d'une espèce de petit jardin de curé hérissé des tiges grêles et nues de quelques rosiers défleuris, il y avait en effet une maison dont les dimensions modestes correspondaient à ce que nous cherchions. Bien qu'ayant un étage et, au-dessus, ce qui semblait être un grenier aménagé, elle était assez basse, assez tassée sur elle-même pour avoir l'air de plain-pied.

Badigeonnée d'un crépi gris blockhaus strié de faux joints délimitant de fausses pierres, elle était chapeautée d'un toit en tuiles mécaniques (qui elles, hélas ! étaient vraies) dont le rouge défraîchi et colonisé par les lichens tranchait sur les maisons environnantes recouvertes de belles écailles d'aloses ou d'ardoises.

Aussi mal accoutrée que la fée Trotte-Menu, le moins qu'on puisse dire est qu'elle manquait de ce charme premier qui vous fait vous écrier : « Ce sera celle-ci et pas une autre ! »

Son seul mérite était d'être à vendre – enfin, soi-disant...

— En tout cas, pour la vue sur la mer, c'est raté !

— Pas sûr, murmura pensivement Chantal. Peut-être que, d'en haut, on en voit un bout.

— Un bout ! persiflai-je. La mer est immense, et toi tu voudrais te contenter d'un bout ? Allons, n'essaie pas de me faire croire que cette baraque te plaît !

J'ai épousé une femme qui veut être sûre avant d'aimer. La plupart du temps, elle commence par regarder avec une certaine distance les cadeaux qu'on lui fait. Ce n'est pas de la méfiance, encore moins de l'ingratitude – c'est juste qu'elle prend ce qu'on lui donne très au sérieux, presque avec gravité, et qu'elle a besoin de « s'entendre » avec un objet avant de l'adopter. Mais quand elle a dit oui, elle entretient avec le sac ou le réveille-matin une relation passionnelle.

Cette fois, pourtant, elle réfléchit à peine :

— Je la sens bien.

— Mais tu ne sais même pas comment elle est à l'intérieur !

— On saura en visitant.

— Il n'y a personne à qui demander.

— Laissons un mot.

Sur une feuille de calepin, j'écrivis à peu près ceci : « Madame, Monsieur, nous sommes un jeune couple à la recherche d'une maison dans la Hague. On nous a signalé la vôtre comme étant à vendre. Si ce n'est pas une erreur, nous vous serions reconnaissants de nous contacter au... – s'ensuivait notre numéro de téléphone – ou de laisser un message à notre intention à l'Hôtel de la Marine à Carteret. »

Je glissai le bout de papier dans une fente du portail, où le vent le fit aussitôt palpiter avec un bruit mou de papillon de nuit se cognant contre un abat-jour.

Sans oser nous l'avouer, nous espérions une réponse pour le soir même. Chaque fois que le téléphone sonnait et que nous entendions la voix de Bernadette Cesne annoncer : « Hôtel de la Marine, j'écoute... », nous nous dépêchions d'essuyer nos doigts tout englués de crabe, prêts à foncer vers la cabine.

Mais ça n'était jamais pour nous.

— Oh, ils appelleront demain, nous rassurions-nous. Comment ces gens ne seraient-ils pas touchés par notre démarche ?

Nous trouvions si romanesque d'avoir en quelque sorte confié à la maison elle-même une invitation à entrer en relation avec nous. Il aurait fallu que ses propriétaires soient des barbares pour ne pas au moins nous répondre qu'ils n'avaient jamais eu – et n'auraient jamais – l'intention de vendre.

Les mois s'écoulèrent pourtant sans que nous ayons aucune nouvelle d'eux.

Peut-être une tempête avait-elle emporté notre billet ? Ou bien la fée Trotte-Menu était-elle venue s'en saisir et, en gloussant, l'avait-elle transformé en mouette tridactyle ? Ou encore (cette hypothèse étant malheureusement la plus vraisemblable), le fait de nous présenter comme un jeune couple avait-il été reçu comme un aveu déguisé d'impécuniosité ?

Mais toutes les raisons qu'on pouvait trouver

pour le justifier ne rendaient pas plus supportable le silence dédaigneux des propriétaires – car plus le temps passait, et plus nous idéalisions leur maison.

Non seulement nous n'en voyions plus les défauts, mais nous lui prêtions des enchantements qui nous faisaient presque venir les larmes aux yeux : son jardinet maigrichon était d'un romantisme charmant, son horrible toit rouge jetait une note de gaieté dans la grisaille ambiante, son crépi débilitant avait sûrement été posé pour protéger une façade sans doute trop délicate et raffinée pour subir impunément les morsures du suroît, ses fenêtres trop larges pour une maison typique de la Hague avaient été agrandies pour permettre à la lumière de mettre en valeur des poutres anciennes, des cheminées rustiques, voire d'admirables vieux meubles de marine récupérés sur quelque goélette échouée.

À deux ou trois reprises, nous étions retournés au hameau dans l'espoir de rencontrer les propriétaires de la maison. Mais celle-ci avait toujours ses volets clos et cet air boudeur des villas inhabitées.

À défaut des habitants de la maison, nous revîmes Trotte-Menu qui, une badine à la main, conduisait trois vaches vers la ferme du Gros-Mont.

Notre fée n'en était pas une : elle s'appelait en réalité Simone, habitait le bas du village et, depuis la mort de son mari qui s'était pendu, elle occupait son temps à élever son fils et à rendre de petits services.

— Et à nous, risqua Chantal, voulez-vous nous rendre service ?

— Ma foi, dit Simone, vous m'êtes bien sympathiques, m'sieur-dame. Et votre minot, là, c'est un vrai petit ange. Même votre chien, je l'aime bien – c'est pourtant bizarre, ça, comme chien.

Je poussai hypocritement Benjamin et O'Contraire vers Simone :

— Faites tout de suite une petite caresse à la dame, vous deux...

Benjamin leva son museau barbouillé de chocolat pour lui donner un baiser et le boxer se frotta contre sa jupe.

— Simone, dis-je alors avec solennité, nous avons besoin de savoir qui sont les gens de la maison. Comment s'appellent-ils ?

Elle hésita. Une ombre passa dans ses grands yeux ronds d'enfant triste. Elle murmura, comme si elle trahissait un secret :

— M. et Mme N...

— Pourquoi ne sont-ils jamais là ?

— Ils viennent l'été. Ce sont des gens de la ville.

— De quelle ville ? Cherbourg ? Paris ? Vous connaissez leur adresse ?

Malgré l'entreprise de séduction éhontée à laquelle se livraient sur elle Benjamin et O'Contraire, Simone nous assura qu'elle n'avait aucune idée de l'endroit où ils habitaient. De toute façon, l'eût-elle su qu'elle n'en dirait rien. Pas pour le plaisir de faire des mystères, mais parce qu'on est taiseux dans la Hague : si vous ne voulez pas qu'on médise de vous, gardez-vous de parler d'autrui – même en bien.

Alors, la rage nous prit.

Nous avions écumé la région pendant trente mois avant de découvrir enfin une maisonnette qui semblait nous convenir. À cette éternité, il fallait ajouter les deux cent dix jours qui s'étaient écoulés depuis l'instant où nous avions glissé notre message dans une fente du portail de cette maison – à laquelle nous n'en pouvions plus de rêver, et cela sans même être certains qu'elle fût seulement à vendre.

Certes, il ne s'agissait que d'une résidence secondaire. Et dans une société où la résidence principale de tant de gens se résume à un assemblage hasardeux de planches et de tôles ondulées, voire à de simples bouts de carton, le mot « secondaire » disait assez à quel point notre impatience frôlait l'indécence. Non contents d'être des privilégiés, allions-nous, en plus, jouer les enfants gâtés qui trépignent parce que le Père Noël est en retard ?

S'il vous arrive jamais de vous empêtrer dans ce genre de cas de conscience, sachez que vous pourrez compter sur l'intervention immédiate (et ô combien persuasive !) d'une créature vermillon, cornue et à queue fourchue, qui vous fera valoir qu'en vous offrant ladite résidence secondaire vous contribuez à sauver du dépôt de bilan quantité d'entreprises, et donc à garantir l'emploi d'un nombre inappréciable de valeureux artisans français. Peut-être, sur le moment, n'en serez-vous pas absolument persuadé. Mais bientôt, au vu des premiers devis, et surtout des factures qui ne manqueront pas de les suivre de près, vous en arriverez à la conclusion que vous n'êtes pas si loin d'être une sorte de bienfaiteur.

Voire de poire intégrale.

Or donc, après nous être mutuellement convaincus que nous ne causions de tort grave à personne en tentant d'acquérir une maison dans la Hague, nous ouvrîmes l'annuaire de la Manche et entreprîmes d'appeler les notaires du Nord-Cotentin.

Parce qu'elle a une voix craquante capable de faire fondre même un huissier en pleine saisie, je chargeai Chantal de leur poser à tous la même question : étaient-ils au courant de la mise en vente de la maison des N... au hameau de La Roche, commune d'Auderville ?

Au septième appel (toujours la magie du chiffre paternel...), Me D..., notaire à Cherbourg, répondit qu'il était d'autant mieux informé de cette transaction que c'était à son étude que M. et Mme N... avaient confié le soin de réaliser cette vente.

Bien que les manifestations d'enthousiasme ne soient pas parmi les traits marquants de son caractère, Chantal se mit à sautiller, à trépigner et à faire la ronde autour de moi comme une petite Iroquoise qui voit enfin tomber la pluie pour laquelle elle a tellement dansé : « Ça y est, mon amour, s'écria-t-elle, ça y est, on la tient ! » Puis, s'efforçant de reprendre un ton calme et posé, elle s'adressa de nouveau au notaire :

— Eh bien, mon cher maître, vous pouvez considérer l'affaire comme conclue et préparer l'acte de vente.

Devinant qu'il se passait quelque chose d'heureux qui pourrait bien lui valoir l'octroi d'une friandise, O'Contraire se mit à aboyer à tue-tête.

— Holà, holà, fit le notaire, ne vous emballez pas !

— C'est le chien qui s'emballe, dit ma femme.

Mon mari et moi sommes très calmes. Calmes mais résolus : nous achetons cette maison.

— Savez-vous quelle somme en demandent ses propriétaires ?

Nous n'en avions pas la moindre idée ; mais vu le vilain toit rouquin et le crépi couleur vieille souris, le prix devait être négociable à la baisse.

— Avez-vous au moins visité les lieux ? s'enquit Me D...

Chantal répondit qu'à son avis ça pouvait difficilement être pire que les navrants gourbis qu'on nous avait proposés jusqu'alors.

— Dois-je comprendre que vous prétendez acquérir une propriété sans en connaître le prix ni la façon dont elle est agencée ? s'étonna le notaire.

— Nous pouvons être sur place dans trois heures pour régler ces détails, dit ma femme avec assurance.

— Mais madame, il fait déjà nuit...

— Demain, alors.

Chantal raccrocha. Le bleu de ses yeux scintillait d'éclats brillants comme des étoiles filantes quand la Terre traverse l'essaim des Perséides.

Les N... vendaient à contrecœur.

Ils s'y étaient résolus parce qu'ils n'étaient plus tout jeunes et sentaient venir le jour où ils ne seraient plus assez ingambes pour utiliser les deux escaliers qui desservaient l'étage et la soupente – et dont l'un, récupéré sur un bateau naufragé, était en effet d'une raideur inusitée. À quoi s'ajoutait l'isolement relatif du hameau de La Roche, que les prémices de la vieillesse leur faisaient paraître chaque année un peu plus angoissant que splendide.

Pourtant, devant le peu d'empressement qu'ils mettaient à concrétiser la vente de leur petite maison, on peut penser qu'ils regrettaient amèrement d'être des personnes si lucides et si sages. Peut-être espéraient-ils qu'on ne prendrait jamais au sérieux leur intention de quitter leur villa. Et que, si cela arrivait, il leur resterait encore d'assez bonnes chances de ne pas trouver d'acquéreur – car, pour un observateur superficiel, les charmes de leur maisonnette n'étaient pas flagrants.

Celle-ci consistait en deux logis de pêcheurs de la fin du XIXe siècle, que le percement de leur mur mitoyen avait réunis en une seule habitation.

On avait ainsi obtenu une maison dont le rez-de-chaussée se composait de deux pièces très basses de plafond, au sol de ciment nu, et qui donnaient l'impression d'avoir été badigeonnées de moutarde Savora – une couleur sans doute appétissante pour un condiment, mais plutôt déconcertante quand elle s'étale sur des murs.

La première salle était une cuisine obscure et fruste, l'autre un prétendu salon meublé de vieilleries en rotin qui claudiquaient, grinçaient et poussaient des gémissements de protestation quand on avait l'idée absurde de vouloir s'asseoir sur eux.

Dans chacune des pièces trônait un poêle dont le tuyau noir et coudé passait à travers un trou du plafond pour aller dispenser une chaleur très relative dans les hauteurs où se trouvaient deux chambres guère plus folâtres que le reste de l'habitation.

Pour accéder à la plus grande, il fallait soit posséder une assurance de gabier pour gravir le redoutable escalier épave dont j'ai parlé, soit transiter par une salle de bains à peine plus large qu'une coursive.

La maison sentait la fin d'un été, sinon la fin d'une vie – une odeur de fruits surs, d'antimite, de bottes caoutchoutées fourrées de vieux journaux pour en absorber l'humidité.

L'ensemble était d'une laideur tranquille, à la fois familière et familiale, ce genre de maison de vacances où l'on vivote deux ou trois mois par an dans une béatitude un peu primitive, sans se soucier de l'usure des choses, certain que l'on est de retrouver celles-ci chaque été à la même place, juste un peu plus confites dans leur jus.

Il y avait belle lurette qu'on ne se donnait plus la peine de jointoyer les fissures qui s'agrandissaient un peu plus chaque année, de poncer les cloques et les pelades de la peinture, de piquer les traces de rouille dans l'évier. La maison avait résisté à deux guerres, subi sans dommage des centaines de tempêtes, alors on n'allait pas décréter la mobilisation générale pour quelques guêpes mortes dans l'encoignure des fenêtres, pour des huisseries grippées, pour un peu de moisissure au fond des placards et du salpêtre sur les plinthes.

Mais ces inconvénients et autres disgrâces disparaissaient devant ce qui nous apparut aussitôt comme un privilège inouï : depuis le mitan du lit aussi bien que depuis la baignoire, on voyait, on entendait, on respirait la mer.

Elle était là tout de suite, après le moutonnement de quelques jolis toits recouverts de pierre dont le gris nuageux s'accordait admirablement à celui des rochers découverts par la marée.

Comme l'amour, la vue sur la mer est quelque chose qui n'a rien en soi d'exceptionnel, qui est connu et partagé par des millions de gens.

Pourtant, quand cela vous échoit, vous ne pouvez vous défendre de l'impression que rien au monde n'est comparable à votre amour ni à votre vue sur la mer.

Il vous semble que vous ne vous en lasserez jamais et que, passé le premier « oh ! » d'émerveillement, vous allez être entraîné dans une spirale dont chaque boucle vous rapprochera du ravissement absolu.

Si c'est votre première vue sur la mer, le moindre détail vous enchante : le mouchetis de sel que les embruns déposent sur les vitres, le passage d'un modeste canot dont le toug-toug du diesel vous paraît la plus belle musique du monde (et vous décidez alors d'ouvrir un livre d'or pour y porter, comme Philippe Sollers à Venise, le relevé détaillé de tous les esquifs qui vont désormais défiler sous vos fenêtres), et ce vertige, qu'on éprouve aussi devant les étoiles, en découvrant qu'il y aura toujours trop de vagues pour réussir à les compter.

Après quelques séances d'observation, vous ferez partie du cercle restreint de ceux qui connaissent les mœurs du tourne-pierre à collier, des plongeons, anatidés, labbes, sternes et autres alcidés, et qui savent, au premier coup d'œil, différencier le grand cormoran du cormoran huppé et la mouette rieuse de la mouette pygmée.

Que vous soyez occupé à ouvrir des coquillages ou du courrier, la mer sera désormais associée au moindre de vos gestes, à chacune de vos pensées, en toile de fond de tout ce que vous entreprendrez de nécessaire ou de superflu.

Depuis la soupente, la vue était plus époustouflante encore.

À travers la fenêtre dite à la hollandaise, on découvrait cent quatre-vingts degrés de paysage maritime sans autre ponctuation qu'une vieille grange qui, loin d'arrêter le regard, contribuait à donner une échelle à l'infini.

Je reconnus le raz Blanchard à sa longue boursouflure d'écume blanche qui s'étirait du cap de la Hague jusqu'aux approches de l'île d'Aurigny. J'avais l'impression de retrouver un vieux jouet oublié dans une malle au fond d'un grenier.

Tels deux écureuils hilares, Chantal et moi ne cessions de monter et de descendre les escaliers raides comme des haubans, grimpant dans la maison comme dans la mâture d'un navire, passant de la sérénité de la dunette (l'ersatz de salon) à la vergue de grand hunier (l'étage des chambres), et de là au petit cacatois (la soupente).

C'était un jour de vent, et des soufflées d'air donnaient en effet à la demeure des allures de goélette doublant le Horn : elle craquait de toutes ses boiseries, ses cloisons grinçaient, ses parquets gémissaient et frissonnaient comme sous les coups de boutoir de vagues invisibles.

J'ai peur de n'avoir rien compris à Tchekhov.

Il est vrai que, d'une manière générale, je ne comprends pas grand-chose aux auteurs que j'aime – peut-être justement parce que je les aime trop pour leur demander davantage que la passion exclusive et primaire qu'ils m'inspirent.

Toujours est-il que dans *La Cerisaie* où, me soutient-on, je devrais voir l'abandon lucide et confiant d'un passé révolu pour un avenir meilleur, je n'ai jamais perçu que l'insoutenable mélancolie (pour moi, cela va même jusqu'à la détresse) qu'il y a à fermer une porte pour la dernière fois.

Je ne supporte pas l'automne, le café à la fin du repas, la veille de la rentrée scolaire, le dimanche soir, le crépuscule, l'idée que le soleil n'en a plus que pour cinq milliards d'années, le soupir résigné de l'ours qui va hiberner, les caisses qu'on enfourne dans les camions de déménagement, le pavillon de chasse de Mayerling, la fin des *Parapluies de Cherbourg* et *La Dernière Classe* d'Alphonse Daudet – tout ce qui achève et s'achève.

Je ne sais pas m'en aller doucement. Au risque de passer pour indifférent, infidèle et léger, je ne peux quitter les êtres et les choses que brusquement.

Alors, si j'avais été M. et Mme N..., je n'aurais

rien eu de plus pressé que de vider la maison des quelques meubles et objets qu'elle contenait. Et j'aurais fui sans me retourner.

Au lieu de quoi les N..., par l'intermédiaire de leur notaire, nous consentirent une promesse de vente – mais en y mettant la condition que nous leur laisserions la maison encore un dernier été.

— Et s'ils revenaient sur leur parole ? s'inquiéta Chantal.

— Oh ! aucun danger, la rassura Me D... Les pies ont fait leurs nids sur les branches les plus basses, signe prémonitoire et incontestable d'un été pourri. Deux mois de pluie, de vent et de brume, achèveront de convaincre mes clients de la chance exceptionnelle qu'ils ont eue de trouver si vite des repreneurs pour leur maison.

Ces idiotes de pies avaient faux partout : juillet et août furent radieux.

Et à l'automne, quelques jours avant la date où nous devions signer les actes définitifs, le notaire nous appela pour nous annoncer que les N... avaient changé d'avis et ne voulaient plus entendre parler de vente.

L'été parfait n'y était pour rien : ils étaient tout simplement trop bouleversés à l'idée de se séparer de leur maison – peut-être avaient-ils lu

La Cerisaie et en avaient-ils retiré la même vision désespérée que moi.

Me D... jurait bien d'user de toute sa force de conviction pour les persuader de respecter leur promesse, mais il était dubitatif : d'après ce qu'il croyait savoir de la passion qu'ils portaient à leur villa, M. et Mme N... préféreraient nous verser un fort dédit plutôt que d'abandonner leur pied-à-terre dans la Hague.

Nous nous écriâmes que ça n'était pas raisonnable :

— Voyons, maître, il faut sauver ces gens-là malgré eux : c'est comme s'ils jetaient cet argent par les fenêtres !

— Oui, reconnut le notaire, mais des fenêtres qui ont une sacrée vue sur la mer...

Chantal et moi avions passé l'été à rêver de « notre » maison et à imaginer de quelle façon nous allions l'arranger. Il n'était pas question d'entreprendre des travaux somptuaires, mais de mettre la petite habitation à notre diapason.

Nous avions repéré chez les brocanteurs des meubles irlandais, simples et pas chers, d'un blond nuancé de roux qui chanterait joliment après que nous aurions remplacé le badigeon Savora par une peinture d'un blanc crémeux plus en harmonie avec les produits laitiers de Normandie et les torrents d'écume du raz Blanchard.

Notre premier achat avait été celui d'une banquette-coffre à haut dossier où l'on était extraordinairement mal assis en dépit du nombre et du moelleux des coussins qu'on y empilait. Mais par sa dureté hautaine, ce siège devait prolonger jusque sous notre toit les rudesses de la Hague. Car c'était bien cela que nous recherchions avant tout : une fusion aussi parfaite que possible entre la maison et ce pays où une famille de pêcheurs l'avait autrefois blottie.

Le moindre bouton de porte, cendrier ou portemanteau subissait un test impitoyable : nés en Cotentin ou importés d'un autre terroir, feraient-ils assez bien figure de haguais ou resteraient-ils d'indécrottables horsains ?

Les bibelots jugés dignes d'entrer chez nous ne devaient être ni trop raffinés ni trop frustes, mais simplement des objets « heureux » travaillés dans des matières à la fois naturelles et sensuelles – bois lissés par le passage répété de la main, cuivres comme tannés par le sel, étoffes assouplies et veloutées à force de caresses, tableautins aux couleurs doucement dévorées par la lumière.

Nous voulions que la maison garde son caractère de havre où même la joie de vivre aurait quelque chose d'un peu rustique : ce serait une niche pour abriter de bons gros bonheurs, des rires chauds et costauds.

Grâce à Benjamin (et aux frères ou sœurs que nous comptions bien lui donner), elle passerait des retours de pêche aux retours de plage. La serpillière n'y traquerait plus les écailles des bars ou des lieus noirs, mais les sables de La Valette, d'Écalgrain ou de Vauville. Elle sentirait les moules à la marinière et la confiture de mûres.

En attendant, ça sentait surtout la désillusion.

La dérobade des N... était sans doute plus affligeante pour Chantal que pour moi : je l'avais en effet convaincue d'accepter le titre de propriété de la maisonnette en gage d'amour, et elle s'était passionnément investie, portant cette maison en elle avec une douce et rayonnante fierté de femme enceinte, l'anticipant et la visualisant dans ses moindres détails au point de me donner parfois l'illusion que nous n'avions plus que la porte à pousser pour y être chez nous.

Mais Chantal n'abdique jamais. Il y a en elle une force enfouie, une source apparemment inépuisable de courage et de volonté. Voire parfois de culot.

Elle insista donc pour que soit maintenue la date

qui avait été prévue pour la signature des actes, ne fût-ce que pour nous donner l'occasion de rencontrer enfin ces N... dont nous ne savions rien sinon qu'ils aimaient leur (notre ?) maison d'un amour ensorcelé – ce qui nous les rendait à la fois extrêmement sympathiques et furieusement exaspérants.

Comme le bernard-l'ermite, les gens ne font pas forcément corps avec la coquille où ils ont élu domicile.

Il en découle que toute maison vivante résulte d'une sorte de métissage tel que l'on s'expose à bien des surprises en croyant déduire le style d'une personne du style de son intérieur – et vice versa.

C'est ainsi que les N..., contrairement à ce qu'auraient pu nous laisser supposer leurs tuyaux de poêle, la chape en ciment de leur salon et leurs murs Savora, se révélèrent être les personnes les plus raffinées du monde.

Monsieur N... évoquait ces longs échassiers cendrés qui déambulent, impavides, au milieu des eaux moirées. Mme N..., petite, potelée, d'une élégance un peu fanée de poupée ancienne, faisait songer à une chatte, à un nuage de beau temps, à une porcelaine décorée de roses pompon.

Le notaire nous avait réunis dans son étude de Beaumont-Hague, succursale de celle de Cherbourg.

Beaumont, dont le blason s'orne de trois volatiles aux bouilles naïves de canetons de dessin animé, est la capitale de la Hague.

Curieusement bâti sur une crête qui se détourne ostensiblement de la mer (on n'y trouve d'ailleurs pas l'ombre d'un commerce à l'enseigne du grand large, des bateaux, de la partance), constitué pour l'essentiel d'une longue rue marchande aux maisons accolées les unes aux autres, toutes courtaudes, basses, épaisses et grises comme des fumées solidifiées, c'est un bourg un peu loupé qui aurait sans doute fini par « sombrer dans le silence des ajoncs[1] » s'il n'avait bénéficié du bouillonnement économique et de l'afflux de population liés à l'implantation dc l'usine de retraitement.

Dédaigné par la plupart des guides et prospectus touristiques, Beaumont passe pour une ville maussade. C'est pourtant, dans sa banalité même, voire dans ses quelques disgrâces, tout à fait le type de petite cité aux odeurs d'armoires pleines de dentelles – et bien sûr, sous les dentelles, de merveilleux secrets inavouables – où Simenon

1. L'image, bien trouvée, est de Guillaume Sorel (revue *Vikland*, n° 6, 1977).

aimait à placer les intrigues de sa comédie humaine : « ... un lieu sans libre arbitre où les hommes sont déterminés par un fatum sans surprise, par une routine élevée au niveau de nécessité[1]. »

Et puis, le bourg a un charme singulier qui lui vient de l'affection collante (au sens le plus propre du terme) que lui vouent les brumes qui montent de la vallée d'Herquemoulin : Beaumont porte le brouillard comme les dames d'antan la voilette. C'est peut-être un peu suranné comme attrait, mais la proximité du nucléaire donne envie, parfois, de retrouver ce genre de désuétude.

Malgré l'énergie de Chantal et l'optimisme dont je suis affligé de façon chronique, nous nous rendîmes au rendez-vous de Beaumont avec le soupçon débilitant que nous allions perdre notre cause – pis : qu'elle était déjà perdue.

Le seul élément un peu encourageant était que les N... aient accepté l'entrevue.

Il est vrai que ça ne leur coûtait pas grand-chose : la maison (leur maison, car elle était bien partie pour redevenir « leur » après avoir été

---

1. Robert Jouanny, *Ambiguïté du port chez Simenon*, extrait de *Les quais sont toujours beaux*, Paris, L'Albaron, 1990.

virtuellement « notre » pendant tout cet été) ne se trouvait qu'à cinq minutes de route de l'étude.

Et je me disais que dans leur extrême bout du monde que n'atteignaient même pas, à l'époque, les ondes de la télévision, toute forme d'amusement devait être bonne à prendre : voire se peindre une belle grosse déception sur le visage d'un jeune écrivain dont la chance avait été jusque-là un peu trop insolente, pouvait faire passer un assez joyeux moment à un couple âgé en manque de distractions – non ?

Notre procès, car c'était bien pour être jaugés et jugés que nous étions venus, se joua sur un long échange de regards entre Mme N... et ma femme.

La petite dame dévisagea Chantal avec une intensité presque douloureuse, plongeant dans le bleu de ses yeux comme si elle avait voulu atteindre son âme et y trouver la certitude que nous n'avions aucune idée tordue derrière la tête en prétendant acheter sa maison.

Elle devait s'interroger sur l'étrange perversion dont nous étions atteints pour avoir jeté notre dévolu sur une maisonnette aussi étriquée et sur un pays aussi austère et rudoyant, alors que, grâce aux retombées du prix Goncourt, nous aurions pu prétendre aux volets verts et aux roses trémières de l'île de Ré, ou aux murailles de miel d'une bastide dans le Lubéron.

Il est probable que nous étions pour elle aussi énigmatiques que des gens qui s'attablent dans un restaurant trois étoiles pour commander trois pommes de terre vapeur.

Tandis que son mari, plus échassier que jamais, se tenait immobile et droit dans un rai de soleil, Mme N... garda longtemps le silence.

Et puis, inattendues et belles, une ou deux larmes coulèrent doucement sur ses joues.

Elle les essuya furtivement, esquissa un brave sourire, et dit enfin à Chantal :

— J'ai été si heureuse dans cette maison ! Alors, promettez-moi de tout faire pour l'être vous aussi – et surtout, mon enfant, soignez bien mes rosiers...

— Alors, balbutia ma femme, ça veut dire que vous nous la vendez ?

— Je ne peux malheureusement pas vous la *donner*, répondit Mme N...

Elle semblait presque le regretter.

Une fois les actes dûment signés, les N... insistèrent pour nous faire faire le tour du (nouveau) propriétaire. N'ayant pas été accompagnée de leurs dernières recommandations, la visite que nous avions déjà effectuée sans eux ne comptait pas à leurs yeux.

Tandis que Mme N... mettait Chantal en garde contre le caractère éminemment versatile des hortensias (les bleus qu'elle avait plantés étaient devenus roses et les roses avaient viré au bleu – quant aux blancs, qui semblaient encore hésiter, certaines marbrures de leurs pétales donnaient à penser qu'ils avaient l'intention de tourner au vert pomme), M. N... me dressa le tableau clinique des divers organes et viscères de la maison.

Si le circuit des tuyaux de poêle présentait, à défaut d'esthétique, un semblant de logique, il n'en allait pas de même du labyrinthe supposé conduire les déchets organiques jusqu'à la fosse septique dont l'emplacement, quelque part dans les profondeurs du jardinet, était et devait rester à jamais un insondable mystère. « Elle existe certainement, m'assura M. N..., mais c'est un peu comme Dieu . on ne sait pas où, ni sous quelle forme. »

Quant à l'installation électrique, il fallait accepter que, comme tout organisme terriblement âgé, elle puisse avoir des caprices de sénilité qui se traduisaient par des lampes s'allumant toutes seules ou, à l'inverse, par des coupures de courant dues à une saute de disjoncteur aussi brutale qu'inexplicable.

Dans le jardin où Mme N..., après les hortensias,

exposait à Chantal la vie et les mœurs des reines-marguerites, comme dans le salon Savora où M. N... m'initiait aux mystères des divers fluides et énergies qui faisaient de la maison une entité caractérielle mais ô combien vivante, nous revenait la même petite phrase chuchotée comme un vrai secret du bonheur : « Mais surtout, ne changez rien à rien !... »

5.

Les amis auxquels je montrai les premières photos que j'avais prises de la maison se répartissaient en deux clans.

Il y avait ceux pour qui « une villa au bord de la mer » devait immanquablement ressembler à ces grandes demeures estivales des tableaux d'Edward Hopper, blanchies de soleil et de sel, posées sur des immensités blondes de chaumes et de sable. Ils examinaient mes clichés en hochant la tête, étonnés que notre maison, sur les images en tout cas, parût à peu près aussi riquiqui qu'une cabine de plage – mais bien sûr, disaient-ils, il ne pouvait s'agir que d'une illusion d'optique due à mon incapacité légendaire à faire des photos.

Et puis il y avait ceux pour qui notre toit rouge se détachant sur un ciel bleu semé de nuages blancs avait un petit côté Jacques Tati, un air de *Jour de fête* et de *Vacances de M. Hulot* en version colorisée : « Il faut aimer, bien sûr. Mais bon, après tout c'est votre maison, pas la nôtre. Et le 14 Juillet, au moins, elle sera tout à fait dans le ton... »

Les deux partis se rejoignaient pour aboutir à la même conclusion : une maison de bord de mer n'avait pas vraiment d'importance en elle-même.

Ce qui comptait, c'était le folklore balnéaire – le loueur de parasols, le marchand de glaces ambulant, les pédalos, les moniteurs de ski nautique, la boutique de paréos et les restaurants de poissons grillés alignés le long de la plage.

Je répondais humblement que la modicité de l'ensoleillement n'incitait pas vraiment les loueurs de parasols à s'établir dans la Hague, mais que Cherbourg, en revanche, était célèbre pour ses parapluies ; que la pratique du pédalo et du ski nautique était assez peu compatible avec l'existence de cette peste, de ce choléra, de cette épilepsie liquide qui s'appelle le raz Blanchard ; que les paréos ne trouvaient pas preneur sur nos rivages où les vents fous les transformaient aussitôt en cerfs-volants ; et que la seule auberge du cru à avoir peu ou prou les pieds dans l'eau tenait davantage de la taverne de Nantucket ou de Delfzijl que des restaurants à banquettes de moleskine de lameradovil.

On me rendait mes photos sans mot dire.

Et je voyais bien qu'on ne trouvait pas très normal – ni sans doute très moral – que j'eusse gaspillé une partie de mes droits d'auteur du Goncourt pour une maison grisâtre et maigrichonne, poussée de guingois sur une terre qui, vue de Saint-Germain-des-Prés en tout cas, semblait à mes amis à peu près aussi chaleureuse que les Kerguelen.

Et surtout, l'on plaignait ma jeune femme.

La seule personne à s'intéresser vraiment à la maison en tant qu'elle-même fut Jacques, mon beau-père.

Je le reverrai toujours, pensivement assis sur un banc de pierre, considérant le crépi gris blockhaus de la façade. De toute évidence, il ne partageait pas notre engouement, et il cherchait des mots pour le dire sans nous désespérer.

— Laisse-moi lui donner un coup de pinceau, le rassurai-je, et elle sera tout à fait épatante !

— Rien qu'un simple coup de pinceau ? Et c'est toi qui vas le donner, le coup de pinceau ?...

Il y a des gens dont il est évident qu'ils ne sont pas doués pour les travaux manuels. Ils portent ça sur leur visage – et j'ai précisément cet air du type qui n'a jamais été fichu de changer le joint d'une douchette, ni même de caler un meuble.

Ce n'est pas ma faute : nous souffrons dans ma

famille, de père en fils, du fameux syndrome de l'oncle Podgers si admirablement décrit par Jerome K. Jerome dans *Trois Hommes dans un bateau*. On se rappelle que la moindre tentative de l'oncle Podgers pour accrocher un tableau au mur se soldait immanquablement par l'écroulement du mur en question, la destruction définitive du tableau et l'admission en urgence de l'oncle dans un hôpital pour y faire soigner son pouce, son index et son majeur qu'il s'était écrabouillés à coups de marteau.

Mon père était un oncle Podgers.

La fois où il plongea tout un immeuble de sept étages dans les ténèbres pour avoir simplement voulu changer un fusible est restée célèbre dans les annales familiales – et celles des habitants de l'immeuble, donc ! De même que je n'oublierai jamais le jour où, pour réveiller les braises d'un barbecue, il répandit généreusement sur le gigot d'agneau un liquide qu'il pensait être une huile aromatique et qui était en réalité de l'essence de tondeuse, carbonisant instantanément la viande et produisant un souffle brûlant et une colonne de flammes dignes de la fusée Pamplemousse que les Américains venaient tout juste de faire exploser au décollage.

Eh bien, j'ai hérité ce syndrome, lequel a pris chez moi des proportions inusitées, car (c'est une des complications possibles de cette affection) je suis un oncle Podgers qui *croit* être capable de planter un clou.

Avec moi, les objets les plus quotidiens regimbent dès que j'ose exiger d'eux qu'ils se plient à être ce pour quoi leur mode d'emploi stipule qu'ils ont été conçus.

Les plus hostiles à mon égard sont les emballages. Ils refusent obstinément que je les ouvre, alors qu'avec les autres personnes ils ne font pas tant d'histoires et cèdent à la première sollicitation.

Je me souviens d'avoir ainsi tenté, durant un vol entre Paris et Nice, de déchirer le petit sachet de cacahuètes que l'hôtesse m'avait offert pour accompagner mon jus de tomate. Alors que tous les autres passagers avaient depuis longtemps dévoré leurs arachides, j'en étais encore à chercher par quel moyen j'allais venir à bout de ce satané sachet. Voyant mon embarras, l'hôtesse me proposa son aide. Honteux de mon infirmité, je prétendis que tout allait bien, que je n'étais tout simplement pas pressé de manger ces cacahuètes, et que triturer ce sachet était en réalité un excellent moyen de lutter contre le stress. La jeune femme parut intéressée et m'assura qu'elle ne manquerait pas, à l'occasion, de conseiller ce calmant aux plus anxieux de ses passagers. « Sauf que ça ne doit pas être si évident que ça, ajouta-t-elle, de malaxer aussi longtemps un sachet de cacahuètes sans qu'il s'ouvre... »

Je n'avais jamais avoué à Jacques que les Decoin étaient affligés du syndrome de l'oncle Podgers, mais il devait s'en douter car il émit l'hypothèse que peindre une maison était – peut-être – une entreprise qui n'entrait pas dans le champ de mes compétences.

Là, je savais pertinemment qu'il avait raison.

Et je suppose que Chantal le savait aussi. Car elle prit prétexte du nouveau roman dans lequel j'étais en train de m'enliser pour repousser mes offres de service : « Merci, mon amour, dit-elle avec diplomatie, je ne doute pas un seul instant que tu puisses barbouiller – pardon, je veux dire peindre – cette maison à la perfection, mais je crois franchement que ce ne serait pas raisonnable avec tout le travail que tu as en ce moment... »

Et elle se dépêcha d'appeler un peintre en consultation.

Un vrai peintre, comme en témoignait la blouse dont il était toujours vêtu. Et si cette blouse blanche lui donnait tout autant l'air d'un médecin que d'un peintre, c'est que M. Bonnet était aussi un peu médecin. Médecin de maisons.

Après avoir minutieusement ausculté la nôtre, il

posa son diagnostic : certes, il pouvait la repeindre de fond en comble, mais la peinture ne serait qu'un cache-misère, l'équivalent de ce sourire crispé qu'arbore un moribond pour donner à ses proches l'illusion qu'il est en pleine forme.

D'après M. Bonnet, nous devions impérativement commencer par assainir nos murs. Car pour avoir été maçonnés à partir d'une proportion excessive de sable de mer encore humide, ils étaient tellement laineux de salpêtre qu'on avait l'impression de vivre dans le ventre d'un ours en peluche.

Il était aussi d'une urgence absolue de revoir cette ahurissante usine à gaz à laquelle s'apparentait le circuit des tuyaux de poêle serpentant d'un étage à l'autre : ce système-là, prédisait M. Bonnet, finirait par nous asphyxier aussi sûrement que les émanations d'oxyde de carbone avaient eu raison de ce pauvre Marcel Proust.

Quant à repeindre la soupente où j'avais choisi d'installer mon bureau, le peintre nous conseillait d'y renoncer – du moins tant que nous n'aurions pas modifié la charpente qui allait certainement s'effondrer si, comme nous en manifestions l'intention, nous décidions de nous offrir un toit en pierre plus conforme au style de l'habitat haguais.

— En somme, dit Chantal, c'est à peu près toute la maison qui serait à refaire ?...

M. Bonnet convint de la grande pertinence de ce jugement. Ainsi que de l'impérieuse nécessité de l'exécuter sans tarder.

Prises isolément, les améliorations envisagées ne semblaient pas devoir grever notre budget d'une manière excessive. Évidemment, il en allait tout autrement quand on les additionnait les unes aux autres. Le total, alors, dépassait allègrement la somme que nous avions déjà investie dans l'achat de la maison.

Il peut paraître indécent de parler d'argent dans un livre consacré à l'amour – fût-il celui d'une maison. Mais les demeures de plaisance, à ne pas mettre sur le même trottoir que les respectables maisons de famille qui rancissent entre deux héritages, ne sont-elles pas aussi indissociables de la notion d'argent que le furent les cocottes adorables, les petites danseuses écervelées pour lesquelles se ruinaient joyeusement nos arrière-grands-pères ?

Leur pedigree de filles de campagne, de demoiselles montagnardes ou maritimes n'empêche pas ces maisons superflues d'être des demi-mondaines de granit, des courtisanes de meulière, dignes de leurs aînées de chair du temps des fiacres et des camélias au revers du corsage.

En échange du bien qu'on leur fait, des soins jaloux qu'on prodigue à leur cœur de pierre et aux prunelles de verre de leurs fenêtres, des parures de fleurs légères dont on les drape pour masquer les imperfections de leur peau grenue, de notre empressement à remplacer leur moindre tuile chutée (qu'on garde aussi précieusement que les dents de lait des enfants), en contrepartie des tours de reins qu'on se donne pour les réchauffer et les laver, des dépenses immodérées qu'on engage pour les parer de rideaux, de courtepointes, de portières et de tapis – en retour de tout cela, on voudrait ne connaître avec elles que des heures éblouissantes.

N'y jamais recevoir de mauvaises nouvelles, n'y jamais trébucher.

On ne conçoit d'ailleurs pas d'y souffrir, encore moins d'y mourir. Si l'on est capable d'imaginer pour elles des améliorations à l'infini, on ne s'y voit pas vieux. Le moment venu, se dit-on, on laissera la maison aux enfants.

Les N... avaient donné le bon exemple, quittant La Roche avant que l'âge ne les recroqueville et les cloue sur leurs fauteuils de rotin, dans la lumière moutardée de leur salon étrange. J'aime à penser que M. N..., centenaire et encore de ce monde au jour où j'écris ces lignes, a de son ancienne maison des souvenirs de godelureau pour une jeune maîtresse. Des souvenirs d'étés insouciants, de soirées à la bougie (le disjoncteur, n'est-ce pas...), de festins de crustacés, de nuits d'étoiles filantes, de fraîches, vives et magnifiques petites aubes dont la rosée transforme ajoncs et tamarins en une éblouissante ménagerie de verre, des souvenirs de ces grandes bouffées tièdes accourues du sud-ouest quand souffle, à la fin d'août, la romantique ventée de la Saint-Gilles.

Pour que notre petite gourgandine de maison soit en mesure de nous distiller d'aussi simples et beaux souvenirs au soir de notre vie, Chantal et moi étions disposés à bien des sacrifices.

Dont le tout premier fut de nous en éloigner pour l'abandonner aux mains de M. Bonnet, mandaté par nous pour être le général en chef de notre armée d'entrepreneurs.

Le mot « entrepreneurs » est l'un des plus exaltants que je connaisse : il évoque à mes yeux une coalition d'artisans dynamiques et habiles, bien décidés à agir, à se remuer, à s'agiter, à faire feu des quatre pieds et flèche de tout bois, à n'épargner rien pour réaliser, opérer, exécuter, accomplir des prodiges tels que : peindre, maçonner, souder des tuyaux, poser du carrelage, sceller un évier, abattre une cloison, en consolider une autre, faire en sorte qu'on puisse brancher une prise sans risquer l'électrocution...

Mais si, comme les Alliés en juin 1944, M. Bonnet et ses troupes avaient bien débarqué chez nous au jour dit et avec les effectifs annoncés, la résistance ennemie s'avéra rapidement plus embusquée et plus virulente que prévu.

Par exemple, il suffisait de dévisser un interrupteur qui présentait pourtant toutes les apparences de l'innocence pour découvrir qu'il cachait un nœud gordien de fils plus ou moins dénudés n'attendant qu'une étincelle pour provoquer un court-circuit incendiaire. Du coup, les troupes du général Bonnet étaient clouées au sol en attendant les renforts d'un commando d'électriciens. Mais ceux-ci, déjà engagés sur un autre théâtre d'opérations, ne savaient pas quand ils pourraient porter assistance à leurs camarades.

Le décapage de la Savora, supposé n'être qu'une promenade de santé, avait tourné à la guérilla : Bonnet et ses hommes, qui avaient cru s'avancer en terrain sûr, devaient affronter des régiments de cloques et des bataillons de fissures. Pinceaux et rouleaux s'enfonçaient dans des béances lâchement dissimulées sous de fragiles pellicules plâtreuses qui s'effondraient au passage de la brosse.

Et, bien entendu, la météo, cette cinquième

colonne des entreprises du bâtiment, était passée à l'ennemi. Contrariant la stratégie de M. Bonnet, un feu roulant d'averses diluviennes ralentissait la progression des travaux, paralysant les équipes chargées de remplacer les vieilles huisseries gondolées, tandis que des vents furieux attaquaient sans répit, plongeant du haut du ciel comme des stukas pour infliger d'incurables blessures aux tuiles rouges et aux gouttières.

L'intendance aussi subissait les avanies du climat. À chacune de nos visites sur ce qu'il fallait bien appeler la ligne de front, Chantal et moi étions pétris d'admiration devant l'abnégation des fantassins qui, à travers un jardin devenu aussi boueux qu'une rizière indochinoise, transbordaient des sacs de plâtre, des bidons d'enduit et des pots de peinture, depuis la camionnette jusqu'à la maison. Dans le crépuscule glauque et poudré d'embruns, avec en fond sonore les rugissements de la mer déchaînée, on aurait juré une longue théorie de canonniers alimentant la tourelle d'un croiseur en obus de 380 de marine.

Après neuf mois d'un corps à corps sans merci avec nos murs, nos planchers, notre charpente et nos portes et fenêtres, la bataille s'acheva tout de même sur la victoire totale de l'irréductible M. Bonnet et de toute sa troupe.

Dans la lumière un peu acide du Cotentin au printemps, la maison s'ébrouait telle une ressuscitée du matin de Pâques.

Bien que toujours affublée de son crépi auquel nous n'avions pas encore osé nous attaquer (nous n'avions aucune idée de ce qu'il y avait dessous), elle était devenue méconnaissable : toute blanche à l'intérieur, toute claire et innocente, avec des touches de bleu gris, et du bois à profusion qui lui donnait un petit air de yacht à l'ancienne, elle arborait, dans ce que désormais l'on pouvait sans rougir appeler son salon, un amour de cheminée en ardoises et briquettes miel, œuvre de M. Hallegate.

Ce maçon, dont nous ne nous sommes jamais consolés qu'il ait dû prendre une retraite anticipée pour raison de santé, possédait cette vertu assez rare chez des artisans plus habitués au gros œuvre qu'aux délicatesses de l'art décoratif : c'était un raffiné.

Il avait un sens extraordinairement sûr des proportions et des formes. Il appartenait à cette race de compagnons qui, jadis, vous bâtissaient une maison harmonieuse, un délice de petit pont voûté, une chapelle romane, sans presque prendre de mesures : ils voyaient tout cela dans leur tête – peut-être aussi un peu dans leur cœur.

Les tuiles rouges finalement remplacées par des ardoises qui, sous la bruine, donnaient à la maison des allures de grand poisson bleuté, il ne nous restait plus qu'à occuper les lieux.

Benoît, notre deuxième fils, n'avait que quelques semaines d'existence lorsque nous franchîmes le seuil de notre maisonnette. Cette fois, personne ne nous escortait : ni notaire, ni ancien propriétaire, ni entrepreneur. C'était comme un premier lâcher, comme ce premier envol seul à bord qui reste à jamais gravé dans la mémoire de l'apprenti pilote.

6.

AVANT DE NOUS ABANDONNER leur maison, les N... avaient tenu à nous présenter les voisins qui allaient désormais être les nôtres.

La notion de voisinage tenant plus aux affinités électives qu'aux réalités du cadastre, on peut se sentir plus proche voisin de quelqu'un habitant à l'autre bout du village que de la personne avec laquelle on partage un mur mitoyen.

Les N... avaient ainsi plus ou moins renié leurs véritables adjacents, ne retenant pour voisins dignes de ce nom que Michel et Gisèle Bigot dont la maison occupait une position dominante sur l'arrière de la leur.

L'histoire de cette maison Bigot vaut d'être rapportée.

Lorsque Michel et Gisèle l'avaient achetée au tout début de leur mariage, elle figurait sur les actes notariés sous l'appellation de grange – bien que ce mot fût sans doute déjà trop pompeux pour qualifier ce qui n'était en réalité qu'une ruine dont quelques rares pans tenaient encore à peu près debout grâce aux entrelacs des plantes rudérales.

Mais cet amas de vieilles pierres jouissait d'un emplacement privilégié sur une parcelle de terrain située à mi-pente d'une collinette d'où le regard plongeait sur le havre de Goury, l'abri du canot de sauvetage, le phare, et bien sûr la mer.

Le fait que sa maison soit souvent blottie derrière un talus ou embusquée derrière un pignon aveugle peut signifier que le Haguais n'aime guère être vu, mais en aucun cas qu'il n'aime pas voir. D'ailleurs, même quand elle semble frappée de cécité, sa maison présente toujours quelque lucarne, quelque œillère, quelque interstice entre les pierres pour grappiller un petit peu de paysage.

En véritables Haguais, Michel et Gisèle savaient que, s'ils parvenaient à relever la grange, ils auraient non seulement une belle maison, mais un balcon sur l'horizon.

Et pas n'importe quel horizon, car le triptyque mer   port de Goury   abri du canot constitue tout simplement « la » vue, celle qui range ceux qui en jouissent dans la caste la plus haute du hameau, qui fait saliver les agents immobiliers parce qu'elle multiplie par dix la valeur d'une maison, l'équivalent d'une vue imprenable sur la montagne Sainte-Victoire, la baie d'Along, la place du Tertre sous la neige ou la naissance de l'aube sur le Taj Mahal.

Le problème était que tout restait à faire, et même un peu plus que tout.

Une telle réhabilitation demandait d'investir une fortune dont l'ampleur aurait eu de quoi décourager même le plus opulent des nababs – ce que les Bigot n'étaient pas.

Alors, se faisant tour à tour architecte, maçon, charpentier, couvreur, carreleur, chauffagiste, parqueteur, électricien, plombier, peintre (et j'oublie certainement quelques corps de métier), Michel entreprit de reconstruire la ruine de ses propres mains, jusqu'à en faire l'une des plus imposantes maisons du village.

Après en avoir fini (du moins *à peu près* fini, car il vient de se fabriquer une véranda, et il s'apprête à refaire entièrement son chauffage central...) avec sa propre demeure, c'est désormais chez ses quatre fils qu'il continue de bâtir, d'aménager, d'installer et de réfectionner – quand il ne passe pas chez nous pour se pencher, avec son bon regard de médecin de campagne, sur le cas d'une huisserie malade d'une indigestion d'humidité saline, d'une machine à laver victime d'une mauvaise toux ou d'un moteur de voiture atteint d'une hémorragie de liquide de freinage.

Pour un oncle Podgers tel que moi, voir œuvrer Michel est un inépuisable motif de stupéfaction – et de confusion. Aussi à l'aise dans le diagnostic que dans la thérapeutique, cet homme-là ferait passer Robinson Crusoé pour un pitoyable empoté.

Michel et Gisèle ont d'ailleurs fait aussi fort que le héros de Daniel Defoe.

Avec leurs quatre garçons, ils ont pendant des années vécu quasiment en autarcie au bout de leur presqu'île, pêchant poissons et crustacés à bord de leur bateau, cultivant leur potager, élevant leurs volailles, chassant leur gibier.

Michel rapportait la provende, Gisèle l'apprêtait, la transformait en confits et confitures, la mettait en conserves, la congelait, la séchait ou la fumait dans l'âtre. Il n'y a que le vin qu'ils n'aient jamais produit – encore que l'un de leurs fils concocte, pour sa consommation personnelle, un pommeau qui est le plus *goûtu*, le plus savoureux, le plus exquisément raffiné qui soit.

En 1917, le poète normand Charles Fourmerie notait que « les gens de chez nous, [...] il y a des siècles qu'ils vivent là, n'en ayant pas bougé ; et dans le blé du pays qui devient leur pain, ils doivent retrouver les cendres de leurs aïeux dont le corps fertilise le sol et dont l'âme, presque incorrompue, est encore leur âme[1] ».

Des décennies plus tard, les Haguais n'ont pas tellement changé – ni d'ailleurs tellement bougé.

Mais s'ils ont le goût de l'enclos (après tout, c'est le sens du mot Hague en langue nordique), ils n'ont pas celui de la cage : ils ont beau être profondément enracinés dans leur terre, il y a peu d'hommes et de femmes qui soient aussi libres qu'eux.

Ni aussi imprévisibles.

Si l'on excepte la période où Michel servit la France en Algérie, nos amis Bigot, comme l'immense majorité des Haguais, ont été longtemps sans éprouver la nécessité (ni même sans doute la simple envie) de quitter la presqu'île : Cherbourg était leur ville frontalière, et Paris un très exotique bout du monde – précisons que les Parisiens ont à peu près la même vision extrémiste touchant notre Hague, sauf qu'elle est inversée.

C'est dire notre sidération le jour où Michel et Gisèle nous annoncèrent qu'ils avaient réservé une cabine à bord de *Norway* (l'ex-*France*) pour une longue et luxueuse croisière transatlantique

---

1. Cité par Françoise Zonabend dans *Mœurs normandes*, Paris, Christian Bourgois, 2003.

Miami-Le Havre, *via* New York, Halifax, Terre-Neuve, Dublin et Édimbourg.

Malgré une traversée qui ne fut pas toujours sereine – l'attentat contre le World Trade Center eut lieu quelques heures après que le navire, bourré de passagers américains, eut appareillé de New York –, Michel et Gisèle rentrèrent de leur périple « heureux qui comme Ulysse a fait un beau voyage » et, sans l'ombre d'une nostalgie, reprirent la barre des *Quatre Frangins*, leur bateau exactement cinquante fois plus petit que *Norway*, mais dont les pas de danse rythmés par le raz Blanchard leur procurent à chaque sortie davantage d'émotions que le plus prestigieux des paquebots.

C'est ainsi qu'à la fameuse question : « Quels sont les gens les plus extraordinaires que vous ayez rencontrés ? », Michel et Gisèle Bigot sont une de mes réponses.

Non pas seulement extraordinaires par ce qu'ils font, mais par ce qu'ils sont : Chantal et moi les soupçonnons de posséder quelque chose de la nature des anges.

Ils en ont d'ailleurs l'habitat : leur maison surplombe directement la nôtre, leur permettant ainsi d'exercer sur cette dernière une vigilance aussi discrète et parfaite que s'ils la surveillaient assis au bord d'un nuage.

En notre absence, ils la protègent contre la malfaisance des profanateurs de toute sorte – termites, inondations, gel des canalisations, foudre, vents décapants, perfides avancées de la rouille ou de la cambriole.

Quand nous l'habitons, vous pouvons y vivre en oiseaux du ciel insouciants, en lys des champs qui ne se préoccupent pas de se vêtir, ou comme ces vierges étourdies de l'Évangile qui ont oublié de faire provision d'huile pour leurs lampes : nos deux anges sont toujours prêts à subvenir à nos besoins, qu'il s'agisse de café, de sucre, de pain, de beurre de baratte, de beaujolais nouveau (un vrai nanan de beaujolais qu'ils se procurent directement chez un vigneron de là-bas), d'un bouquet de cives ou d'un panier de tomates fraîchement cueillies dans leur potager, de nous régaler d'un crabe sorti tout droit des remous du Creux du Mauvais Argent, ou de nous convier à partager avec eux un moment d'amitié autour d'un mets d'autrefois qu'ils ont ressuscité pour nous.

S'attabler chez les Bigot devant une soupe à la graisse (spécialité régionale en voie de disparition à cause de son nom qui fait hurler d'effroi les diététiciens, alors que c'est tout simplement très bon, très réconfortant, tout plein de vitamines, l'équivalent en somme d'une tartine beurrée – mais quel diététicien « moderne » a jamais mordu dans une tartine beurrée ?), devant des tortillons de boyaux grillés au feu de bois ou une poule au pot « à la Gisèle » (la volaille la plus exquise, la plus parfumée qui soit au monde !), c'est aussi faire un festin de mémoire.

Car Michel et Gisèle ont de l'histoire coutumière de la Hague un savoir aussi passionnant, et souvent plus pittoresque, que tout ce qu'on trouve dans les livres.

C'est à ces longues heures passées près d'eux que je dois d'avoir pu écrire *Les Trois Vies de Babe Ozouf*.

Le seul de mes romans que j'ai composé comme Vuillard peignant son atelier, c'est-à-dire en l'écrivant dans le lieu qui est le sujet même de son écriture – non seulement la Hague, mais aussi notre petite maison amoureusement décrite dans le livre, et que reconnaissait parfois, à son jardinet encore embrouillé, au bleu de ses volets et au crissement des graviers dans l'allée, un randonneur qu'avait attiré ici la lecture de *Babe Ozouf* et qui « faisait » la Hague avec mon roman pour guide, comme un voyageur d'autrefois avec son Baedeker[1].

---

1. Célèbre guide touristique du XIXe siècle.

Pendant deux ou trois ans, il arriva fréquemment qu'une tête inconnue passât par-dessus la porte :

— Pardon, monsieur, est-ce bien ici la maison de Babe Ozouf ?

— De qui ça ? demandais-je en prenant mon air le plus ahuri.

— Babe Ozouf. Une sorte de naufrageuse qui aurait sévi dans les parages. En tout cas, c'est ce qui est écrit là-dedans, disait Tête inconnue en brandissant mon roman comme les Chinois le *Petit Livre rouge* de Mao Zedong, et en ajoutant avec une certaine commisération : – Mais vous ne l'avez peut-être pas lu ?...

Pour moi, la satisfaction la plus délicieuse (parce que la plus perverse ?) qu'un écrivain puisse éprouver après la publication d'un livre n'est pas de se retrouver sous les feux des projecteurs – c'est au contraire de disparaître derrière ses personnages, de découvrir un beau jour qu'ils sont plus vivants, plus authentiques, et surtout plus aimés que lui-même.

À cet égard, je dois des instants de pur ravissement à ma chère petite Babe.

Ses *Trois Vies* sont un peu plus (ou un peu moins) qu'un roman de terroir : en m'appropriant une partie de la mémoire des hautes landes et en la restituant sous forme de fiction romanesque, j'ai tenté d'accéder à un statut intermédiaire entre celui (inaccessible) d'enfant du pays et celui (infamant) de horsain. Une demande de visa pour la Hague, en somme, assortie d'un serment d'allégeance aux Haguais, histoire de passer du stade de Parisien émigré à celui d'apatride adopté.

Apparemment, j'ai été compris là et par qui je souhaitais l'être : *Babe Ozouf* est sans doute le seul de mes livres qui, malgré son ancienneté, soit aujourd'hui encore en bonne place dans quelques librairies de la région. Il a même connu l'honneur de figurer pendant plusieurs années au menu de l'Auberge de Goury où on pouvait le commander au même titre que le homard gratiné et le douillon[1] flambé au vieux calva.

Cette auberge est devenue un peu comme une prolongation naturelle de notre maison.

On l'atteint en quelques minutes de marche entre des murets de pierre sèche cousus de lichens dont le camaïeu évoque les teintes sablées et les pourpres fanées de la tapisserie de la reine Mathilde[2], sur une petite route qui épouse la mer

1. Feuilleté aux pommes.

2. Conservée à Bayeux, cette immense broderie médiévale de soixante-dix mètres de long raconte, comme une bande dessinée, la rivalité de Guillaume le Conquérant et du roi d'Angleterre Harold II.

de si près qu'elle se retrouve parfois déshabillée de son revêtement par la caresse un peu trop appuyée des vagues.

Certains soirs d'hiver, au début de notre installation, quand nous débarquions en pleine tempête et que nos radiateurs peinaient à établir une température acceptable, nous courions nous réchauffer près de la cheminée où Pascal, le patron, triture en bougonnant ses grillades de poissons et de gigots de pré-salé.

Aujourd'hui, c'est un rituel incontournable d'y faire halte avant même d'ouvrir nos volets.

Collée tel un ormeau sur la pointe extrême qui s'avance entre le petit port d'échouage et les rochers du phare, l'étrange auberge semble contredire toutes les traditions commerçantes en faisant tout ce qu'elle peut pour ne pas être remarquée.

Précieusement close aux furies de la mer et du vent, elle tourne ostensiblement le dos à la seule route qui mène à elle. Et ne comptez pas sur une flambée de néons pour la repérer la nuit : elle n'arbore qu'une enseigne peinte, éclairée par un fanal maigre et jaunâtre qui grésille sous l'assaut des grains.

En fait, elle mise sur sa réputation qui est de ne ressembler à aucune autre.

Et c'est vrai qu'on est là comme nulle part ailleurs, et que cela se chuchote jusque dans les Anglo-Normandes d'où l'on vient en bateau, par les mers les plus courroucées, pour savourer, dans une piquante odeur de feu de bois fruitier, la bonne sauvagerie des poissons grillés à la haguaise, c'est-à-dire assaisonnés des commentaires souvent railleurs de Pascal qui s'agite au bord de son enfer avec des gestes de divinité brahmane à douze bras.

Nous avons tout de suite deviné que Pascal ferait partie intégrante de notre vie – et donc de notre maison. Il avait d'ailleurs lui-même songé à acheter cette dernière, avant d'y renoncer parce qu'il ne voyait pas du tout ce qu'on pouvait, selon ses propres termes, « tirer de cette baraque ». En revanche, Chantal et moi n'avons pas douté un instant que l'Auberge de Goury puisse faire office de salle à manger de substitution pour notre maison trop modeste pour en posséder une.

Nous y avons reçu les amis qui nous rendaient visite, et surtout les partenaires de ma vie professionnelle qui ne furent pas longs à comprendre que, pour faire avancer le livre ou le scénario en cours, il leur fallait se risquer sur nos landes sans attendre que j'aie, moi, le courage de quitter ma petite sorcière de Hague.

Mais faire d'un restaurant sa salle à manger n'est pas une solution de tout repos : Pascal, au prétexte qu'il n'en pouvait plus de rôtir la moitié supérieure de sa personne dans l'âtre de sa cheminée tout en infligeant à sa colonne vertébrale des positions génératrices de futures tortures dorsales, nous annonça plusieurs fois qu'il allait vendre son auberge (*son* auberge, voyez-vous ça ! Comme si elle n'était pas aussi un peu à nous !) et partir avec femme et enfants élever des moutons en Australie.

Le pire était qu'il n'avait pas seulement l'air résolu : il l'était.

Ces crises le prenaient généralement à l'entrée de l'hiver, quand les tempêtes d'automne cédaient la place à un climat fade, mollasson, suintant de partout, et que nous avions plus que jamais besoin de l'atmosphère chaleureuse de son auberge.

— Bah ! mon successeur vous traitera aussi bien que moi, sinon mieux. D'ailleurs, le poisson grillé, c'est toujours du poisson grillé, grommelait Pascal, comme s'il feignait d'ignorer, le bougre, que la cuisine est davantage alchimie que chimie, c'est-à-dire qu'en plus des ingrédients naturels empruntés à la terre ou à la mer, il faut ajouter ce quelque chose d'indéfinissable qui vient du cuisinier lui-même : on ne s'attable pas à l'Auberge pour le seul contenu de l'assiette, mais aussi, et principalement, parce que c'est Pascal qui vous la remplit.

Certes, le somptueux homard de la Hague n'allait pas se transformer en crevette grise simplement parce que le patron était parti tondre des moutons aux antipodes, mais sa chair risquait de prendre une tristesse d'orphelin.

En vérité, ce qui nous affligeait le plus dans le projet pascalien d'émigrer à l'autre bout du monde était moins l'avenir de l'Auberge de Goury (même si elle risquait de tanguer un peu, elle était assez solidement taillée pour étaler ce coup de tabac) que la pensée de ne plus voir Pascal.

Car même si ce n'est spécifié par aucun acte notarié, on acquiert une propriété en pack : sont implicitement compris dans l'achat tous ces personnages qui entrent chez vous *de jure* – le facteur, le préposé au relevé des compteurs, les pompiers qui viennent proposer leur calendrier, la dame qui vend des billets pour la tombola du club des seniors ; et ceux chez qui l'on se rend quotidiennement, le boulanger, le pharmacien, le marchand de légumes ; ainsi que ces lieux publics qui sont les partenaires épisodiques de la maison – la supérette qui se donne des allures de petit aéroport de province, le cinoche aux odeurs de sucre et de chaud, l'église avec ses chaises de paille.

Tous ceux que leur métier contraint à des déménagements à répétition le savent : en s'éloignant, ce ne sont pas seulement des pierres qu'on laisse derrière soi, mais des amitiés qui ne sont pas les moindres racines d'une maison. Devoir les couper, c'est aveugler une fenêtre, condamner une porte, boucher une cheminée, saper des fondations.

Le départ de Pascal ne manquerait pas de briser quelque chose de vital qui participait de la bonne assise de notre maison.

Heureusement, au retour du printemps, des signes avant-coureurs nous faisaient comprendre qu'il entrait en guérison.

Soi-disant pour guetter l'arrivée de clients retardataires, il allait se poster sur le seuil de son restaurant.

Il regardait le soleil couchant transformer le phare en une lance de feu piquée dans la chair épaisse et mauve de la mer, il respirait l'odeur de vase du port à marée basse, il écoutait le tambour des vagues battre contre la jetée, il voyait la grappe des maisons de La Roche prendre des teintes de muscat au fur et à mesure que la lumière refluait sur la mer, il suivait des yeux les silhouettes déjà nuiteuses de la *Péqueresse* ou du *Hâo-Vouet* qui partaient en pêche – et comprenant alors qu'il ne pourrait pas davantage se passer de « ça » que nous ne pourrions, nous, nous passer de lui, il tirait un trait sur les moutons d'Australie et revenait à sa cheminée.

7.

UNE ANNÉE, UNE TAUPE élut domicile chez nous. Comment elle parvint à y pénétrer reste un profond mystère, car notre jardinet présente la particularité d'être ceint de murs qui s'enfoncent trop bas dans la terre pour qu'elle ait pu passer dessous. Toujours est-il qu'une fois là, la taupe fut d'évidence dans l'incapacité d'en ressortir.

Nous eûmes beau piétiner ses mottes de terre au fur et à mesure qu'elle les érigeait, noyer ses galeries, introduire de puissants pétards dans ses tunnels, les farcir de Taupicine, frapper le sol à coups de pelle, disposer des systèmes à ultrasons supposés la mettre en fuite, la petite bête, probablement affolée par notre charivari, tournait en rond sous nos hortensias, anthémis, perowskias et autres agapanthes, sans réussir à trouver la sortie.

Plus nous faisions (ou croyions faire) de sa vie

un enfer de bruit et de fureur, plus elle métamorphosait notre lopin de terre en un champ retourné par un laboureur fou.

C'est alors que Pascal intervint.

Il n'avait jamais particulièrement excellé dans la chasse aux taupes, mais, en passionné de golf qu'il était, il s'intéressait à la bonne santé des gazons, et il avait entendu parler d'un produit dont quelques pincées suffisaient à débarrasser un dix-huit trous de la plus obstinée des colonies de taupes.

Bien que cette substance ne soit pas en vente dans le commerce, il se faisait fort de nous en procurer. Mais la dangerosité du produit était telle qu'il insistait pour être seul à le manipuler – et il me regardait si intensément en disant cela que je fus alors certain qu'il savait, lui aussi, que j'étais un oncle Podgers.

— Mais tu ne vas pas la tuer ? m'inquiétai-je.

J'aime assez bien les taupes, qui sont dans le creux de la main de petites créatures douces, vibrantes et tièdes, et dont j'admire que, n'y voyant déjà pas grand-chose, elles aient choisi d'habiter sous la terre où, pour le coup, on n'y voit plus rien du tout.

Mais Chantal, qui avait déjà fort à faire pour me persuader de flanquer dehors les souris, les fourmis et les araignées, bestioles pour lesquelles j'avoue une indulgence coupable, me rappela – et ce fut, je crois, l'unique circonstance où elle usa de cet argument – que cette maison étant légalement la sienne, elle estimait disposer du droit de vie et de mort sur les entités munies de plus de deux pattes qui en violaient les frontières.

J'ignore si la taupe mourut dans les profondeurs de l'immense nécropole qu'elle s'était creusée, mais toujours est-il qu'elle cessa d'égrener ses chapelets de monticules. Pascal, quant à lui, y gagna un surnom : pour nous, et le plus affectueusement du monde, il fut désormais le « taupier ».

Le lecteur songera peut-être que l'évocation d'un incident aussi insignifiant que cette histoire de taupe sent fortement la panne d'inspiration.

Je suis moi-même un liseur assez acharné pour savoir qu'on ne cesse jamais de surveiller le comportement de l'auteur derrière ses mots, un peu comme le maton observe le détenu à travers l'œilleton de sa cellule pour s'assurer qu'il garde assez de ressort pour aller jusqu'au bout de sa peine. Rien de plus navrant que ces moments de passage à vide où le prisonnier reste vautré sur sa couchette plutôt que d'aller en promenade, et où l'auteur se love dans le creux d'un non-événement pour vous diluer sur plusieurs pages une anecdote futile et assommante.

Mais attention ! De même que le détenu qui

somnole est peut-être en train de méditer sur les cucurbitacées qu'il plantera quand il sera dehors, de même le passage apparemment anodin de cette petite taupe a-t-il pour objet d'ouvrir la porte à un rêve qui, pendant de longues années, a mobilisé toute notre énergie et mis à mal nos réserves en numéraire : le jardin.

Jardin vient du francique *gart* qui signifie « clôture », et paradis est issu du persan *pardez* qui veut dire « enclos ».

Ce cousinage devrait faire de tout jardin une sorte d'ombre portée de l'Éden. Or, avec ses poiriers en espalier, ses reines-marguerites et ses roses à couper, le jardin que nous avions hérité des N... était peut-être un jardin de curé, mais il était encore loin du paradis.

Et sans doute serait-il resté dans l'état, à deux ou trois géraniums près, s'il était tombé en d'autres mains que celles de Chantal.

Entre autres singularités, ma femme est une surréaliste qui s'ignore. C'est ainsi qu'elle parle, de façon non systématique mais tout de même assez fréquente, une langue qu'elle est seule à connaître, et dont la base consiste à user d'un terme pour un autre. Par exemple, si elle a froid la nuit et qu'elle désire que je la recouvre de l'édredon, elle me demandera de bien vouloir lui « remonter *l'autocar* sur les jambes, s'il te plaît, mon amour ». La règle voulant que le mot utilisé n'ait de préférence aucun rapport avec ce qu'il est supposé décrire.

D'où mon étonnement chaque fois que je l'entends échanger des propos savantissimes avec des jardiniers avertis, et décliner alors, avec une fluidité de pensionnaire du Théâtre-Français, la litanie des noms latins des plantes sans jamais en écorcher un.

— Mais aussi, dit-elle, tu sais bien que je m'intéresse beaucoup moins aux autocars – pardon : aux édredons – qu'aux jardins.

En vingt-sept ans de mariage, j'ai peur de n'avoir pas appris grand-chose à Chantal en dehors de l'avoir initiée à New York, au fromage de Roquefort et à la cuisine à l'huile d'olive. Elle, en revanche, m'a offert ce monde entier qu'est l'univers des jardins. Elle m'a appris non seulement à les regarder, à les butiner, à les écouter, à y voyager, mais à en saisir le sens, à déchiffrer le projet de l'être humain qui a ordonnancé, régulé, harmonisé ce qui n'était au commencement qu'un chaos terreux pour en faire un espace de beauté si évidente que parfois, comme ce fut le cas un après-midi de pluie dans le jardin blanc conçu par Vita

Sackville-West à Sissinghurst, j'ai été submergé par une émotion telle que j'en ai eu les larmes aux yeux.

Or donc, en la voyant regarder fixement notre jardin depuis la fenêtre de notre chambre, je me doutais bien que Chantal avait des idées de transformation derrière la tête.

— Pour commencer, m'annonça-t-elle un matin, je vais avoir besoin du camion.

Ne voyant pas d'emblée le rapport qu'il y avait entre un camion et l'aménagement d'un très modeste jardinet, je crus qu'elle utilisait une fois de plus son fameux langage surréaliste, et lui demandai de me préciser ce qu'elle entendait exactement par camion : s'agissait-il d'une bêche, d'une pelle, d'une binette ou d'un râteau ?

Mais non, c'était bien un camion qu'elle voulait, un vrai camion avec une benne vaste et profonde – et elle m'en désignait un, garé devant la maison voisine, et que des ouvriers remplissaient de gravats.

Que Chantal, que j'avais déjà vue lutter à armes inégales avec un Solex (la petite machine avait eu le dessus, et ma jolie jeune femme s'était retrouvée à plat fesses en bas d'une pente), eût envie de se mesurer à un camion, même vieux et tout bosselé, m'inquiétait. Mais elle me rassura :

— Oh, il n'est pas question que je le conduise : je veux juste le remplir avec tout ce qu'il y a à nettoyer dans le jardin. C'est une vraie jungle, ici.

Où voyait-elle une jungle là où je ne discernais qu'une pelouse râpée par les vents, peuplée de plantes timides et de quelques arbres fruitiers qui produisaient surtout des guêpes ?

Je ne savais pas encore qu'en matière de jardinage c'est l'œil qui fait le plus gros du travail.

De même que les peintres distinguent, dans le fatras du monde, des formes et des couleurs invisibles au commun des mortels, les jardiniers ont une vision innée de ce qui forjette, dérègle, gâte, flétrit, salit, dépasse, dépare, cochonne et fait tache.

À la fois aquarelliste et jardinière, Chantal avait, depuis quelques mois que nous possédions la maison, repéré une masse de fouillis végétaux, les uns définitivement morts et desséchés, les autres encore en pleine exubérance reptilienne, qui sourdaient des recoins, rampaient le long des murs, s'enroulaient autour des arbustes, étouffaient les gouttières.

J'allai donc trouver les ouvriers pour leur expliquer que ma femme souhaitait profiter de la présence de leur camion pour se défaire d'un lot de fleurs fanées, de feuilles mortes et de branches cassées.

Le contremaître sembla penser que, pour cette marchandise, une brouette serait amplement suffisante. Je n'étais pas loin de partager son point de vue, mais nous nous trompions tous les deux : en quelques heures d'un labeur acharné, Chantal avait si bien élagué sa jungle que le camion, chargé jusqu'à refus et laissant dans son sillage une entêtante odeur de sève et de tiges broyées, dut faire plusieurs voyages jusqu'à la décharge pour nous débarrasser des détritus.

Le jardinier n'a pas d'affinités avec le seul peintre. Il en partage aussi avec l'écrivain : tous deux sont des élagueurs.

La mise au propre d'un manuscrit implique en effet un nettoyage drastique, une épreuve du feu, un brûlage impitoyable du superfétatoire et du redondant, un débroussaillage qui doit conduire à ce que François Nourissier appelle joliment « l'écriture maigre » – ce langage diaphane, ces mots lévriers, ce verbe souple et coupant comme les graminées des dunes, cette manière de tout montrer sans presque rien en dire.

Mais si le passage de l'état de brousse à celui de savane arasée est le point final de l'écriture, il est au contraire l'incipit du jardin qui ne renaît jamais mieux que de ses propres cendres.

Contemplant les espaces que Chantal venait de

reconquérir sur l'anarchie, et qui n'étaient plus que des banquettes de terre sombre où affleuraient parfois les cols pathétiques de quelques grosses tiges décapitées, nous n'avions qu'une impatience : replanter dare-dare notre petite terre nue.

Partant du principe qu'un jardinet paraît d'autant moins riquiqui qu'il n'est pas étouffé par une végétation trop luxuriante, nous décidâmes de laisser l'essentiel du nôtre en pelouse – mot somptuaire pour qualifier ce qui n'était en fait qu'une courte prairie d'herbe à vache, traversée par une non moins courte allée de graviers venant s'étaler en une sorte de ressac au pied de la maison.

Pour les parties plantées, notre choix se porta sur des hortensias et des tamarins, espèces endémiques dans la Hague, ainsi que sur quelques rosiers anciens sans la présence desquels un jardin français est à peu près aussi inconcevable qu'un printemps japonais sans cerisiers en fleur.

Notre plus grande audace fut un camélia rose que réussit à nous refiler un horticulteur que nous appelions Cary Grant à cause de sa ressemblance (en version rurale) avec l'acteur fétiche des plus délicieuses comédies américaines des années 1940. Ce qui, à défaut d'en faire un jardinier plus compétent qu'un autre, nous permettait de présenter le camélia rose à nos amis en affirmant qu'il avait été planté là par Cary Grant. Curieusement, aucun de ces amis ne mit jamais en doute la part que Cary Grant (le vrai) avait prise dans cette affaire de camélia – je suppose que le seul fait que nous ayons choisi cette extrémité du monde pour y nicher suffisait à épuiser leur capacité d'étonnement.

Cela dit, nous avions conscience que notre jardin amélioré ne méritait pas vraiment d'être appelé ainsi : c'était juste une parcelle de terrain avec quelques plantes indigènes disposées çà et là, non d'ailleurs sans une certaine réussite, car Chantal, en plus d'avoir la main verte, manifeste un sens inné de l'harmonie des formes et des couleurs.

Mais aussi embryonnaire et imparfait qu'il fût, nous nous trouvions parfaitement bien dans ce petit enclos qui, en plus des plantes susnommées, était rehaussé chaque été par les couleurs revigorantes d'une floraison de jouets en plastique – la moitié d'entre eux semée par nos enfants, l'autre éparpillée par notre chien.

Il en fut ainsi jusqu'à ce jour de l'automne 1987 où une toiture s'envola de la maison voisine de la nôtre et vint, tout équipée de ses tuiles, de son tuyau de cheminée, de sa charpente et de ses gouttières, atterrir dans notre jardin.

Aussi bref qu'ait été son vol plané, l'ovni aurait

pu causer des dégâts considérables. Mais non, il avait rassemblé toute son énergie pour franchir le mur mitoyen sans l'écorner, et avait eu assez d'habileté au cours de son approche finale pour éviter de pulvériser une des petites dépendances de notre maison. Je me demande d'ailleurs comment il a pu réussir ce coup-là, car une analyse de trajectoire montrait qu'il lui avait fallu opérer un virage de dernière minute particulièrement audacieux, ce qui n'est pas le genre de manœuvre où les toitures ont la réputation d'exceller.

Si le camélia de Cary Grant gisait déraciné, si les boules d'hortensias roulaient comme des têtes de décapités, si les tamarins n'étaient plus qu'une jonchée de baguettes de mikado, la toiture volante n'y était pour rien : le seul coupable était le vent, un vent tueur comme les gens de la « pointe » n'en avaient jamais entendu hurler – et Chantal et moi encore moins.

Tout avait commencé la veille au soir par une étrange torpeur.

La mer s'était aplatie jusqu'à paraître presque concave. Goélands, cormorans, fous de Bassan, huîtriers-pies, et même quelques pigeons voyageurs qui passaient par là, avaient déserté le ciel devenu glauque : ils s'alignaient sur la jetée du port, sur la route vicinale du bord de mer, sur le chemin des douaniers, recroquevillés face au sud-ouest, la tête dans le col, la plume ébouriffée, se servant du bout de leurs ailes comme de béquilles pour mieux résister à la menace qu'ils sentaient monter.

Sur la lande, les ajoncs frissonnaient de la lutte invisible de tout un peuple de petites bêtes apeurées qui cherchaient à s'enfouir dans la cachette la plus profonde. L'air était devenu tiède, moite, épais comme un mauvais vin, avec une odeur piquante et un crépitement électrique.

Après quelques heures de grand abattement, on avait vu se former au loin, au-dessus des îles, une barre noire comme un trait d'encre de Chine tiré d'une extrémité à l'autre de l'horizon. Un immense liseré de deuil sous lequel la mer, par contraste, semblait d'une lividité cadavérique.

On pensa d'abord que cette noirceur était un effet d'optique dû à l'éloignement et qu'elle allait, en se rapprochant de la terre, perdre de son opacité. Il ne pouvait s'agir que de nuages – aussi denses soient-ils, ceux-ci ne sont jamais qu'une condensation de vapeurs qui peuvent atténuer la lumière mais jamais la dévorer au point qu'il n'en reste rien.

Même si cet énorme bourgeonnement de fluides crevait sur nos têtes, il n'allait tout de même pas nous vomir dessus des grenouilles, des sauterelles, des rochers ou du sang – ni surtout le toit des voisins.

La barre continuait pourtant d'avancer, uniformément noire et compacte.

Bien qu'il ne fît pas nuit, les automobilistes allumaient leurs phares. Des chiens gémissaient. Les vaches et les moutons dans les prés-salés, et l'âne solitaire de la pente de La Valette, harcelés par des essaims d'insectes, frottaient leurs flancs contre les barbelés et les murets de pierre. Dans une cour de ferme, une poule mourut brusquement, le bec piqué en terre et les ailes rigides, le cœur déchiré par la peur.

Les gens commencèrent à se téléphoner : « As-tu vu ce qui s'amène là-bas ? Ça va faire vilain, pour sûr ! » De mémoire de Haguais, c'était la première fois qu'un tel dôme de ténèbres recouvrait le monde, et personne ne savait comment il faudrait s'y prendre pour le soulever. On redoutait moins le déluge que l'asphyxie.

L'obscurité gagnait de minute en minute. Seules les vagues étaient blanches, mais d'une blancheur éteinte qui n'éclairait rien.

Alors, un souffle fou balaya la mer qui se convulsa et, d'un coup, devint quelque chose d'innommable. Le vent frappa la côte de plein fouet, faisant sonner les falaises comme des orgues géantes, arrachant à la lande des plaintes déchirantes.

Certaines rafales furent créditées d'une vitesse dépassant les deux cents kilomètres à l'heure. Après quoi les anémomètres se bloquèrent.

Un bateau du port de Goury rompit ses amarres, traversa le plan d'eau en une course précipitée et pataude d'oiseau aquatique cherchant l'envol, franchit une plage de galets où il laissa sa quille, et escalada une colline en haut de laquelle il s'arrêta enfin, le nez englué dans une bouse de vache.

Dans certaines maisons où il avait réussi à s'infiltrer par on ne sait quelles fentes, l'ouragan renversa des armoires, mit des rideaux en charpie, fit voler des objets, éparpilla des pommes, des cahiers d'écolier, des testaments de vieilles gens, des jambons pendus aux poutres, des branches de buis bénit, des *Presse de la Manche* et des *Ouest-France* – sauvant aussi la vie de trois douzaines d'escargots cueillis dans le creux des talus et qu'on avait mis à jeûner près d'une fenêtre laissée étourdiment entrouverte. Une haute et mince horloge normande (de Coutances, je crois) se retrouva affublée d'une robe rouge et noir qui lui donnait des airs de danseuse espagnole – d'autant que son pied, secoué par les rafales, battait un rythme de flamenco sur les lattes du parquet –, avant de basculer et de s'effondrer dans un tintamarre de sonnailles.

Preuve du savoir-faire de ses humbles bâtisseurs, notre maison, calfatée comme une arche et parfaitement blottie dans les bras de son hameau, sortit indemne de la tempête.

Mais ce qui nous avait tenu lieu de jardin n'existait plus. Tout était jeté bas, déraciné, saccagé, émietté, cisaillé, tronçonné.

À cette époque, Chantal suivait des cours d'histoire des jardins au potager du Roi à Versailles. Elle avait appris que l'art du jardinage ne se limite pas à faire pousser des plantes. Le jardinier pratique la géométrie avant la botanique, il est architecte autant que peintre. Davantage, même. Concevoir et entretenir un jardin, c'est d'abord raisonner l'espace, le structurer, jouer des perspectives, donner une lisibilité et un sens au chaos.

C'est aussi travailler non pas contre un environnement, mais avec lui : faire fleurir des edelweiss au Sahara ou des agaves au Groenland relève du domptage, pas du jardinage.

Gauguin en a fait la curieuse expérience aux

Marquises : ayant importé de France des graines de tournesol dans l'idée de composer quelques natures mortes plus classiques que les fragments de paradis terrestre qu'il peignait (et que boudaient les acheteurs), il avait constaté que les grandes fleurs qu'il avait semées venaient malingres et d'un jaune pisseux. Ni le sol ni le climat n'étaient pourtant en cause : simplement, les tournesols n'étaient pas chez eux aux Marquises, et ils manifestaient leur désapprobation d'y avoir été exilés en affichant une tristesse de vieilles marguerites effeuillées.

Forte de cet exemple, Chantal ne voulait pas d'un jardin de plantes forcées, soumises et asservies, mais d'une population végétale issue du paysage haguais et se fondant en lui.

— Puisqu'on aime cette maison, me dit-elle, on va lui faire un jardin qui lui ressemble. Tellement à son image, tellement sa prolongation que, sauf les fois où il pleuvra, on sentira à peine la différence entre dedans et dehors.

Mais se jugeant encore trop néophyte pour élaborer elle-même ce qui devait être cette fois un *vrai* jardin, elle décida de s'en remettre à un paysagiste connu pour son talent (pardon : son génie) à concevoir des jardins de poche – cet homme-là avait réussi à en nicher partout, jusque dans des endroits aussi improbables qu'une corniche de gratte-ciel new-yorkais.

Le jour où Camille Muller se présenta chez nous, nous étions aussi intimidés et impressionnés que deux moineaux de Paris devant un albatros.

Il regarda à peine le jardin – du moins ce que la tempête nous en avait laissé. Comme les personnages de Prévert qui voient des choses derrière les choses, Camille nous fit comprendre que la vérité était ailleurs. C'est-à-dire dans les sentes du hameau, sur le chemin des douaniers, dans les pâtures du bord de mer où il demanda à se promener, solitaire et rêveur, jusqu'à la nuit tombée.

On imagine notre hâte de savoir quelle sorte de jardin la Hague lui avait inspirée – et notre impatience à contacter un horticulteur pour commander sans plus attendre les végétaux que Camille n'allait pas manquer de nous conseiller.

— Un horticulteur ? fit-il en ouvrant de grands yeux étonnés. Qui vous parle d'horticulteur ? Ce qu'il vous faut, chers amis, c'est un maçon. Et un bon. Parce que les travaux que nous allons entreprendre, ça n'est pas rien !

Je ne voyais pas en quoi un maçon était indispensable à l'élaboration d'un modeste jardinet – sinon pour nous en concocter un dans le style cataclysmique de Bouvard et Pécuchet.

— Vous comprendrez bientôt, répondit laconiquement Camille Muller qui, pour l'heure, se refusait à nous en dire davantage.

Quelques semaines plus tard nous parvenaient ses premiers croquis.

L'idée maîtresse de Camille consistait à reproduire sur notre mouchoir de poche le lacis de bas murets de pierre sèche qui courent la Hague.

Georges, le jardinier local que nous avions engagé – essentiellement pour tondre l'herbe – n'en revenait pas : « Mais il est fou, c't'homme-là ! Déjà que c'est pas bien grand chez vous, de quoi ça va-t-y avoir l'air avec tous ces p'tits murs ? Et puis d'abord, des murs comme ça, la recette est perdue : plus personne ne sera fichu de vous en construire ! »

Si, il y avait quelqu'un qui savait, qui pouvait, et qui releva aussitôt le défi : l'incomparable M. Hallegate, l'auteur de notre cheminée – on est bien l'auteur d'un crime ou d'un livre, alors pourquoi pas d'une cheminée ?

Cette implantation de petits murs, qui fut longue et onéreuse mais tout à fait réussie, procure aux visiteurs ce sentiment premier de retenue et d'hésitation qui me semble être l'attitude que l'on doit avoir (c'est en tout cas la mienne) devant une jolie chose. Se ruer sur la beauté est un comportement de goinfre, pas d'esthète. En offrant plusieurs possibilités d'itinéraires – dont le parcours n'excède tout de même jamais une poignée de secondes... –, nos vrais-faux murets de pierre complexifient le jardin et, loin de le rétrécir, donnent l'impression d'un lieu rempli d'inattendus.

Georges lui-même convint que c'était là, finalement, une assez bonne idée. Et il commençait à éprouver une certaine sympathie pour « m'sieur Muller, mon collègue », jusqu'à un matin pluvieux du mois de février où un camion mandaté par Camille déversa dans notre jardin plusieurs centaines de plantes et de petits arbres (agapanthes bleues, clématites montana, perowskias, graminées miscanthus, sauges, verveines, elychrisums, lavandes, convolvulus, chardons, eleagnus, etc.), ainsi que des figuiers destinés à couvrir la façade de la maison.

Tous ces sujets aux mottes bien empaquetées recouvraient entièrement l'espace utile du jardinet, exhalant une forte senteur végétale qui se mêlait aux puissants remugles d'une montagne de fumier à base de crottin de cheval.

— Y aura jamais la place de planter tout ce foutu bazar, grommela Georges. Et puis quand bien même, ça ne « viendra » pas : moi, j'ai jamais vu des trucs comme ça pousser par ici !

La théorie de Camille selon laquelle toutes les plantes à feuillages gris résistent à la brûlure des vents chargés de sel le laissait sans voix, mais non sans hochements de tête apitoyés pour Chantal et moi, pauvres horsains qui nous étions laissé embobiner par un « artiste » – et encore Georges n'avait-il pas connaissance du montant des honoraires de Camille, ni de la facture des pépinières qui nous avaient procuré ces plantes, ni de celle du camionneur qui avait traversé la France pour nous les livrer...

Il fallut toute une journée, crépuscule inclus et même dépassé, pour que Chantal, Georges, Camille et son assistant Hugues Pauvergne (devenu depuis un des paysagistes les plus en vogue) viennent à bout des plantations.

Le soir, lors du dîner de fin de chantier dans une brasserie de Cherbourg (l'accès à notre maison étant devenu provisoirement impraticable en raison de l'invasion des végétaux, du fumier et surtout de l'état du sol), je fis la remarque que plusieurs demeures, cotentines en général et haguaises en particulier, hébergeaient des palmiers – sans doute des rejetons de l'époque où les capitaines des navires cherbourgeois rapportaient en souvenir de leurs lointains voyages des plantes exotiques qui se régalaient de notre climat humide et mou. Or j'ai la passion des palmiers, surtout ceux qui ont le tronc recouvert d'une pilosité qui leur donne des allures d'arbres en peluche.

— Dois-je comprendre, fit Camille, que vous envisagez de planter un palmier ?

— J'en meurs d'envie, avouai-je. Quand j'étais enfant, c'est le premier arbre que j'ai su dessiner. J'en alignais des plantations entières sur mes cahiers d'écolier, j'en tatouais sur le rabat de mon pupitre, sur la table du réfectoire, ils étaient mon emblème, mon blason, le signe cabalistique par lequel j'effaçais toute grisaille. Je voyais des palmiers partout – dans les chrysanthèmes de la Toussaint, les feux d'artifice du 14 Juillet, les agents de police qui gesticulaient au milieu des carrefours, les hélices des avions, les ombellifères des talus, et même dans cette chose suprêmement haïssable que sont, vous en conviendrez, les choux-fleurs au gratin. Je me souviens du sentiment d'horreur qui me saisit la première fois qu'on me servit une salade de cœurs de palmier : j'avais l'impression de sacrifier à un rituel cannibale. Bref, j'idolâtre ces arbres-là, et mon bonheur d'avoir un vrai jardin ne sera pas complet tant que vous n'aurez pas déterminé l'endroit où je vais enfin pouvoir planter un palmier.

Camille me dévisageait en silence, de l'air navré du médecin qui s'apprête à annoncer une (très) mauvaise nouvelle à son patient.

— Je crains, dit-il enfin, de devoir vous refuser ce plaisir. Je veux bien envisager un petit bassin avec deux ou trois nymphéas, mais pas un palmier.

Je fis remarquer que les nénuphars n'avaient qu'un lointain rapport avec le palmier de mes rêves, à quoi Camille répondit que mon palmier, lui non plus, n'avait aucun rapport avec le jardin qu'il avait conçu pour nous.

J'eus beau plaider que les palmiers, tel le cochon dans lequel tout est bon, fournissaient à l'homme tout ce dont celui-ci avait besoin pour vivre, rappeler qu'on les mangeait et qu'on les buvait, qu'ils servaient de matériaux de construction depuis la couverture des toitures jusqu'aux canalisations, que leurs fibres étaient utilisées pour tisser des étoffes, fabriquer des éventails et des chapeaux, qu'ils emballaient les aliments, entraient dans la composition de savons et de dentifrices, estourbissaient les parasites intestinaux, soignaient la dysenterie, l'asthme et les maux de gorge, fortifiaient les gencives, pouvaient éventuellement remplacer le sérum physiologique, et même que certain palmier nain donnait une huile qui participait de la formule d'un médicament anticancéreux, et qu'en somme s'il y avait des arbres ayant bien mérité de l'humanité c'étaient les palmiers que Linné lui-même appelait « princes du monde végétal », aucun argument ne put entamer la détermination de Camille.

Parce qu'il considère chacune de ses créations comme un être vivant dont il se sent responsable jusqu'à ce qu'il ait atteint un minimum de maturité, Camille Muller vint à plusieurs reprises s'assurer des progrès de notre jeune jardin.

À chacune de ses visites, je tentais de le persuader de me concéder un palmier. Mais toujours en vain. Jusqu'au jour où j'eus l'idée de lui demander pourquoi il éprouvait une telle animosité à l'égard des palmiers.

— Où diable avez-vous pris que j'avais quelque chose contre les palmiers ? s'étonna-t-il. Je les aime énormément, moi, les palmiers.

— Alors pourquoi refusez-vous que j'en plante un ?

— Pourquoi ? Mais parce que *un* palmier, ça n'a pas de sens.

Je le dévisageai d'un air incrédule :

— Vous voulez dire que je pourrais en planter... plusieurs ?

— Oh ! certainement. Autant que vous désirez.

— Pourquoi ne me l'avez-vous pas dit plus tôt ?

— Mais parce que depuis que nous débattons de ce sujet, vous n'avez fait que répéter : *un* palmier, je veux *un* palmier !

Il ne se moquait pas de moi, bien au contraire : partant du principe qu'un écrivain a pleinement conscience des mots qu'il emploie, il avait respecté mon singulier à la lettre.

Miraculeux malentendu grâce auquel nous avons désormais la satisfaction de pouvoir nous asseoir (mais à tour de rôle, car il n'y a place que pour une seule chaise de jardin à la fois) dans la clairière d'une lilliputienne palmeraie qui compte cinq *trachycarpus wagnerianus*, encore enfantins mais déjà pelucheux à souhait.

Avec les années, le jardin s'est épanoui.

Il est devenu comme Chantal l'avait rêvé et comme Camille l'a fait : un camaïeu de fleurs bleues (en écho à la mer) et de feuillages gris (en réponse au granit), piqueté çà et là d'une touche de ce rose et de ce vert, tendres et sucrés, dont Modigliani habillait ses longues nymphes.

Les agapanthes ont engendré une innombrable progéniture, des mousses et des lichens ont colonisé notre réseau de petits murets qui ont maintenant l'air d'avoir toujours été là, et les figuiers ont pris tellement d'étoffe qu'ils recouvrent toute la façade, se haussant jusqu'au toit et menaçant d'envahir notre chambre de leurs feuilles épaisses qui font, quand le vent souffle, un bruit de livre dont on tourne les pages.

Pour une raison obscure, ces figuiers ne produisent des fruits qu'au mitan de l'automne.

Privées d'ensoleillement, trempées jusqu'à la pulpe par les déluges d'équinoxe, secouées par les vents déchaînés jusqu'à ce qu'elles lâchent prise, nos pauvres petites figues passent en quelques jours du stade de bébé fruit vert à celui de vieux petits sacs flétris et pourrissants. Même en ne les quittant pas des yeux, en les surveillant la nuit s'il le faut, nous ne les avons jamais prises en flagrant délit d'état comestible.

Chantal attribue ce phénomène à l'absence de certains insectes spécialisés dans la pollinisation des figuiers. Pour cette raison ou pour une autre, nous n'avons récolté que cinq figues en dix ans. Que nous avons dégustées en silence et les yeux clos, avec ce frisson qu'ont dû éprouver Adam et Ève se partageant le fruit défendu.

Sui generis ou rapportée, l'odeur d'une maison est une des composantes essentielles de sa personnalité. Imprégnée par force bougies aromatiques et parfums d'intérieur, la nôtre embaume la figue.

Nous baignons littéralement dans sa fragrance que nous déclinons sous toutes ses formes, y compris savons, sels de bain, liquide vaisselle, etc.

Avec l'espoir secret que ces phéromones finiront par émoustiller assez nos figuiers pour les convaincre de s'adonner eux aussi aux joies de la sexualité et de la procréation.

8.

AVIS DE TEMPÊTE sur la Hague. Semblant courir sous de grands ciels uliginaires à la Vlaminck, la maison est alors la petite chose terrienne la plus marine que je connaisse.

Goélette islandaise quand, à travers ses petits carreaux dont un ou deux jours de suroît suffisent à faire des hublots dépolis par le sel, on voit tanguer la lumière des bougies sur les murs en lattes de bois qui évoquent les cabines rustiques et grinçantes des voiliers d'autrefois. Steamer boréal lorsque sa cheminée halète des volutes de fumée que le vent rabat sur le granit bleu de la terrasse luisant sous la pluie comme le pont d'un navire englacé. Remorqueur de haute mer quand sa carène ramassée, où l'entrelacs des figuiers imite ces grands filets que les sauveteurs offrent aux doigts gourds des naufragés, disparaît et réapparaît dans le brouillard qui roule tel un océan sans fin. Et pour peu que nous ayons, ce soir-là, mis au court-bouillon clospoings[1] ou calicôcos[2] et qu'une vapeur poissonneuse se faufile sous la porte, on jurerait quelque vieux petit chalutier à la dégaine mafflue.

Les premiers temps de notre installation, nous ne manquions jamais, en arrivant chez nous, de tapoter le baromètre dans l'espoir de voir son aiguille décoller de variable pour dévaler en chute libre vers un secteur plus alarmiste du cadran.

Car nous avions le goût des tempêtes comme les gens du Lubéron ont celui des ciels bleu lavande.

Depuis le nid-de-pie que constitue mon bureau, j'observais l'horizon en quête du moindre signe annonciateur d'une perturbation, tandis que Chantal, partie en cabotage chez les commerçants de Beaumont, faisait provision de pronostics climatiques auprès des oracles locaux.

Je m'étonne toujours que l'immense majorité des gens se passionne pour le temps qu'il va faire, mais que seule une minorité d'entre eux soit capable de lire une carte météo – je ne parle pas de ces dessins d'une France piquetée de petits soleils-pissenlits et de nuages bébéiformes qu'on voit à la

1. Crabes, tourteaux.
2. Buccins.

télé, mais de la vraie carte avec ses hectopascals, ses isobares, ses symboles indiquant la force et la direction des vents, la bataille des fronts chauds et des fronts froids. Il n'y a pourtant rien de plus simple à déchiffrer : à condition de connaître deux ou trois lois météorologiques, n'importe qui (j'en suis la preuve !) est à même de dégager une tendance générale pour au moins les prochaines quarante-huit heures.

Mais non, l'amateur de prévisions préfère s'en remettre aux devins du coin, parmi lesquels viennent en tête le Vieux Paysan et le Vieux Pêcheur, au prétexte que la météo est une science exacte partout dans le monde, sauf en France où il est bien connu que chaque hameau est soumis à l'influence d'un microclimat que seuls les marabouts indigènes peuvent décoder.

— D'après le marchand de couleurs, ça devrait souffler l'enfer dès le milieu de la nuit, me rapportait Chantal en rentrant du bourg. Mais la femme du pâtissier, elle, a l'air de dire que ça pourrait tout aussi bien tourner en brouillard.

Si nous aimions par-dessus tout les ululements du vent, nous ne faisions pas pour autant la fine bouche devant les brouillards dont les moiteurs grises s'emmêlent aux ajoncs et déclenchent la corne de brume du phare de Goury, sirène dont les mugissements lancinants avaient fasciné François

Truffaut au point qu'il les avait utilisés en fond sonore de quelques séquences, pourtant ruisselantes de soleil radieux, des *Deux Anglaises et le continent* – un de mes films cultes pour au moins trois raisons : d'abord c'est un chef-d'œuvre, ensuite il a été tourné dans notre hameau, et enfin le fier *bobby* en uniforme qui, au tout début, arpente le port à marée basse, n'est autre que Michel Bigot...

L'hiver, dès qu'on sentait tomber la nuit et monter le hourvari, nous nous équipions de lampes de poche et, après avoir emmitouflé les enfants, nous prenions le chemin de la mer. Le chien nous escortait, la gueule basse, le pelage hérissé, courant en crabe à cause des rafales énormes qui le déportaient.

Si le temps n'était « que » mauvais, nous suivions Océan Boulevard (petit nom de dérision et de tendresse que nous avons donné à ce kilomètre d'étroite route côtière qui flirte avec la mer entre La Roche et Goury) pour aller à l'auberge vider avec Pascal une bouteille de sancerre – les blancs de Loire m'ont toujours paru être des vins à épouser les bourrasques.

Mais si, par bonheur, la météo était carrément abominable, nous poussions (c'est-à-dire que le vent nous poussait...) jusqu'au cap de la Hague, jusqu'au monument qui domine un chaos d'écueils noirs martelés par le ressac : le calvaire du *Vendémiaire*, érigé en mémoire de l'équipage d'un sous-marin éperonné accidentellement par un grand navire de guerre au moment où il faisait surface.

Nous regardions les lames exploser contre le phare, nous demandant ce que pouvaient bien faire là-haut les deux gardiens dont on apercevait les silhouettes se découpant en ombres chinoises sur le rectangle jaunâtre de la fenêtre.

Ils faisaient comme nous : ils regardaient – sauf qu'eux, c'était vers la terre, et avec quelle envie !

Et je songeais aux Yahgans, ce peuple fuégien aujourd'hui éteint (il n'en restait plus, dans les années 1990, que trois ou quatre très vieilles femmes, sans doute à présent disparues[1]) chez qui le mot dieu n'a jamais existé : ils ne concevaient qu'une seule puissance supérieure à l'homme, une force du mal faite de tempêtes, de vents, de mort – et donc innommable.

Enthousiasmés par ces déglingues météorologiques, nous avions alors l'impression d'habiter une maison à la pointe extrême du romantisme, de vivre dans un de ces livres de Barbey d'Aurevilly

---

1. Voir à ce sujet *Le Cap Horn : de Schovten (1616) à Tabarly*, par François Pédron, Paris, Albin Michel, 1989.

(presque enfant du pays), de Daphné Du Maurier ou des pâles et troublantes petites Brontë, bouquins à forte odeur d'humidité, remplis de femmes éperdues que pourchassent, sur de hautes landes désolées, des ecclésiastiques démoniaques ou des gouvernantes assassines.

Les quelques visiteurs qui faisaient escale chez nous ne comprenaient décidément pas pourquoi, après avoir clamé que nous n'en pouvions plus du vacarme des villes, nous avions choisi pour refuge cette maison que les ouragans faisaient crépiter comme un tambourin secoué par un Basque en folie.

Après un ou deux jours de vent hurlant ou de beuglements de la corne de brume, nos hôtes demandaient grâce et s'informaient des horaires des prochains trains pour Paris en s'étonnant de ne pas nous voir les yeux au milieu de la figure :

— Parce que vous réussissez à dormir, vous, avec ce barouf ?

— Oh ! le mieux du monde, répondions-nous. C'est même là notre problème : pendant que nous dormons, nous ne profitons pas de la tempête.

Version adulte de la mauvaise petite joie que j'éprouvais, enfant, à m'enfoncer dans un lit douillet pour compatir aux infortunes de David Copperfield ou de la Petite Nell (que Harry Potter a peut-être détrônés, mais pas remplacés), mon amour des tempêtes est égoïste.

La preuve : du jour où j'eus un bateau à moi, je n'ai plus du tout trouvé le moindre charme aux tourmentes, à la mer démontée ni aux brumes.

Ah ! ce bateau...

Depuis toujours, je me rêvais navigateur. J'avais usé mes culottes courtes sur les bancs de nage des barques du lac du bois de Boulogne et passé mes jeudis à naviguer sur la Rivière enchantée du Jardin d'acclimatation. À huit ans, la lecture d'*Une ville flottante* de Jules Verne m'avait inoculé une passion maniaque, quasi fétichiste, pour le *Great Eastern* dont je faisais de répugnantes maquettes pleines de pustules de colle, de baves de peinture et de clous tordus dus aux premières manifestations du syndrome de l'oncle Podgers. À dix ans, j'étais devenu l'armateur d'un ferry-boat bricolé à partir d'une vieille caisse à rideaux assez profonde pour y fourrer ma voiture à pédales et ma petite sœur, j'avais construit le kiosque d'un sous-marin en empilant une douzaine de vieux pneus où je m'asphyxiais durant des heures, et j'avais, à quelques cacatois et perroquets près, reconstitué le gréement d'un trois-mâts en accrochant des draps de lit dans les hautes branches du tilleul au fond du jardin.

Ces navires étaient des jouets magnifiques mais, comme le petit bateau de la chanson, ils avaient le défaut de n'avoir *ja... ja... jamais navigué.*

En achetant notre maison de pêcheur, je m'étais dit que, maintenant que j'étais à portée de mer, rien ne pourrait m'empêcher d'aller dessus.

Malheureusement, lors d'un voyage en Irlande que nous fîmes durant le dernier été de sursis que nous avions consenti aux N..., nous avions assistés à une scène nautique qui produisit sur Chantal une impression désastreuse.

Il faisait un temps radieux, ce genre de temps qu'on ne rencontre en Irlande qu'une fois par siècle environ. À bord d'une annexe gonflable, un couple pagayait paisiblement en direction d'un voilier mouillé dans un chenal qui sinuait entre deux collines couvertes de rhododendrons. La jeune femme tenait sur ses genoux un nouveau-né endormi auquel elle chantonnait une *nursery rhyme* dont la brise légère nous renvoyait des bouffées.

Tout baignait dans une absolue sérénité, la maman était souriante et son mari parfaitement maître de la situation.

Chantal observait pourtant la progression de l'annexe avec ce regard bleu sombre qu'elle réserve aux choses auxquelles elle voue une détestation définitive – les films d'horreur, les verbes irréguliers anglais, les tatouages et les lits glacés.

Le jeune couple gagna le voilier sans encombre, monta à bord avec une grâce de jeunes chats, et le bateau s'éloigna doucement dans le soleil.

— Vivement qu'on récupère la maison pour faire comme eux ! m'écriai-je.

— Alors, dit Chantal, tu feras ça tout seul. Parce que moi, un truc pareil, jamais !

— Quel truc pareil ? Ce n'est qu'un gentil petit couple qui part se promener sur la mer.

— Ils partent, oui – mais reviendront-ils ?

Selon elle, les bateaux obéissent à deux principes contradictoires : celui d'Archimède qui leur permet de flotter, et l'autre, le « principe de Chantal », qui veut qu'avec les navires le pire soit toujours possible, et même plus que probable.

Presque tous nos voisins et amis possédaient une embarcation pour traquer le bar ou tendre des casiers dans les remous de Greniquet ou les hauts-fonds du mont Saint-Gilles. Bien qu'aucun d'eux n'ait fait naufrage, Chantal persistait à penser que la présence à Goury d'un puissant canot de sauvetage de la SNSM était la preuve flagrante que naviguer dans ces parages était d'une dangerosité extrême et devait exiger des compétences qu'elle ne me connaissait pas.

Et là, j'avoue que je manquais d'arguments pour la persuader du contraire...

Elle campa donc sur ses positions de terrienne incorruptible, jusqu'au jour où M. A..., propriétaire d'un des très rares voiliers du port (pour cause de courants musclés, la flottille de Goury est majoritairement motonautique), nous proposa d'embarquer à son bord pour admirer notre maison depuis la mer.

Chantal commença par décliner l'invitation, considérant qu'il était de la dernière imprudence de faire une balade en bateau quand on avait trois enfants à élever, une chienne vorace à nourrir et une maison à finir de meubler.

Mais je lui rappelai que M. A... était le titulaire de l'harmonium paroissial, et elle finit par convenir qu'un homme capable de tirer des mélodies à peu près audibles d'un instrument aussi asthmatique et dyspnéique pouvait (peut-être) savoir également maîtriser un bateau à voiles.

C'était une de ces journées idylliques qui font de la Hague une Mélanésie normande – il suffit d'imaginer des cocotiers à la place des tamarins, de se persuader que le raz Blanchard est en réalité la barre de brisants qui annonce une barrière de corail, et l'illusion est presque parfaite.

Contraint par l'absence de brise à naviguer au moteur, le voilier filait sans gîte sur une immensité aussi plate, lisse et du même bleu pâle et vernissé qu'une toile cirée.

M. A... était formel : si nous n'avions encore jamais vu la mer dans un tel état de sérénité, c'était parce que nous ne nous intéressions à elle que lorsqu'elle se déchaînait. Notre passion des tempêtes était l'arbre qui nous cachait la forêt : à la vérité, la mer était l'élément le moins hostile du monde, tellement plus amicale et douce que la neige qui est froide et glissante, ou même que les champs qui sont remplis de plantes qui démangent et de bestioles qui piquent.

Après une ou deux heures passées à louvoyer à l'aplomb des falaises de Jobourg enflammées par la fameuse « rougie », les préventions de Chantal étaient sérieusement entamées : à condition de ne sortir que par grand beau, elle admettait qu'un bateau pouvait avoir son charme, au moins pour le bonheur de nous emmener glisser dans le soleil couchant avec des grâces languides de felouque sur le Nil – et accessoirement pour pêcher des homards, des crabes et des bars.

— À propos, s'enquit-elle, vous en pêchez beaucoup, des homards ?

— Ma foi, dit modestement M. A..., une petite quarantaine par saison.

Nous eûmes vite fait de calculer qu'à raison de 150 francs (à l'époque) du kilo de homard sur l'étal du poissonnier, un bateau pourrait contribuer à régaler notre famille à moindres frais. Le seul vrai problème étant de savoir si nous n'allions pas nous lasser de manger du homard à tous les repas...

Mais M. A... nous rassura : on ne prenait pas que du homard, il fallait aussi compter avec les innombrables tourteaux, araignées et autres étrilles qui, à l'en croire, pullulaient dans les casiers.

— Tu crois que tu sauras attraper ces bêtes-là ?, me chuchota Chantal un peu plus tard, alors que nous remontions Ocean Boulevard, nous retournant tous les deux pas pour admirer – avec, pour ma part, d'incoercibles frissons de désir – le bateau blanc de M. A... qui creusait sa souille dans la vase du port découvert par la marée basse.

C'était gentil de sa part, vraiment, de faire porter ses doutes sur mes seuls talents de pêcheur. Si elle m'avait interrogé sur mes capacités à diriger un bateau, j'aurais dû avouer que je n'avais qu'une très vague idée de la façon dont ces petites machines se manœuvraient, et Chantal, femme circonspecte s'il en est, aurait alors dit quelque chose comme : « Finalement, il serait peut-être plus sage que je continue à acheter les crabes chez le poissonnier, non ? », et mon rêve d'aller sur la mer se fût échoué là à jamais, condamné à se dessécher parmi les bouses de vaches et les crapauds écrasés qui parsèment Ocean Boulevard.

Quelques mois plus tard, au salon nautique de Paris, nous achetions notre premier bateau.

Nous avions eu un coup de foudre instantané pour sa bouille très *cartoon* et surtout pour son prix qui nous avait paru particulièrement attractif – et pour cause : nous ignorions que le tarif affiché, c'est-à-dire « coque nue départ usine », n'incluait ni le moteur ni les innombrables accessoires sans lesquels un bateau n'est pas habilité à naviguer. Le discours rassurant du vendeur avait suffi à emporter notre décision : « Un vaillant petit bateau, m'sieur-dame, qui se joue des vagues comme un bouchon ! »

Pour être vaillant, il l'était : après deux ou trois saisons passées à user son embryon de quille sur les galets agressifs qui, à l'époque, tapissaient encore le fond du port dc Goury, le pauvre « bouchon » était devenu si poreux qu'il faisait eau à chaque sortie. À peine franchi le musoir de la jetée, et malgré l'énergie de mon fils aîné qui écopait sans relâche, matelas, gilets de sauvetage et documents nautiques se mettaient à nager comme de joyeux poissons dans la minuscule cabine transformée en aquarium.

Mais *Greniquet*[1] n'en continuait pas moins de tailler bravement sa route vers les Anglo-Normandes, suscitant les commentaires admiratifs des yachtmen britanniques qui n'en revenaient pas qu'un aussi petit bateau puisse, malgré son allure de sous-marin blessé qui n'arrive plus à faire surface, franchir sans couler à pic les remous du raz Blanchard et ceux, presque aussi hargneux, du raz d'Alderney.

À vrai dire, je n'en revenais pas moi non plus.

Le premier homard se fit attendre deux ans.

Il n'était pas bien gros, mais il pulvérisa tout de même un record : compte tenu de tout ce qu'il m'avait fallu investir pour le capturer (le permis de piloter un bateau à moteur, le bateau lui-même, son moteur principal et celui de secours, l'armement pléthorique, l'incontournable annexe gonflable, l'entretien, les assurances, les taxes, le carburant et les engins de pêche), ce homard de

---

1. Ainsi s'appelait mon premier bateau, du nom d'un récif situé à quelques encablures du port de Goury, en vertu d'une croyance qui veut qu'un navire n'ait rien à redouter d'un écueil dont il porte le nom. Ce qui, malheureusement, ne le couvre pas contre les perfidies des innombrables autres saletés de cailloux qui pullulent dans les parages.

poche était à n'en pas douter le crustacé le plus cher du monde.

Je n'en ai jamais attrapé d'autre.

Mais j'ai acquis d'autres bateaux, chaque fois plus grands, plus puissants et plus aptes à m'emmener loin au large pour courir des mers qui, n'en déplaise à M. A..., sont définitivement plus enragées que voluptueuses.

Surtout, le bateau est devenu un prolongement de la maison, une sorte de résidence secondaire *bis* : désormais, on n'achète plus une serpillière, un tire-bouchon ou du café pour notre domicile fixe sans en acheter également pour sa succursale flottante.

De son côté, le bateau participe pour une part non négligeable à notre approvisionnement en denrées comestibles : il suffit d'une à trois heures de navigation (selon la fureur du vent et le chahut des vagues) pour aller faire nos emplettes à Alderney ou à Guernesey, et rapporter une part de fromage de Stilton, un chapelet de saucisses de Cambridge, deux cent cinquante grammes de fruits confits, des épices et des chutneys, des canettes de Guinness et de la moutarde Coleman's en kit (on verse la poudre orangée, on rajoute de l'eau tiède, on touille, et on obtient un condiment d'une violence effroyable).

Il en est évidemment de la Coleman's ou des

fruits confits comme de mon premier et unique homard : aller en chercher d'aussi petites quantités avec un bateau qui, comme *Kittiwake*, mon actuelle merveille flottante, consomme allègrement ses soixante litres de carburant à l'heure relève du blasphème économique. Mais d'avoir franchi des flots tumultueux confère à ces humbles ingrédients une saveur toute particulière – un peu à l'exemple de cet akvavit norvégien qui n'est mis sur le marché qu'après avoir effectué, au fond de sa barrique, un tour du monde en cargo.

Pour ce qui concernait crustacés et poissons, l'épisode du homard-le-plus-cher-du-monde nous avait très vite incités à nous rabattre sur une méthode plus régulière et surtout moins onéreuse que la pêche en mer pour nous en procurer : nous les achetions chez le poissonnier.

Et dans la Hague où rien n'est jamais vraiment comme ailleurs, il ne s'agissait évidemment pas d'un banal poissonnier.

Située sur la place principale du bourg de Beaumont, la boutique de Roland Néel fut, jusqu'à sa récente fermeture pour cause de départ en retraite, le temple, la ziggourat, le sanctuaire sacré du poisson plus frais que frais. Au point que jusqu'à ce qu'une commission européenne exige que tous les poissons fussent allongés sur des lits de glace (ce qui vaut sans doute pour leur salubrité mais pas pour leur saveur), M. Néel devait parfois user d'un gourdin pour estourbir une sole ou un lieu jaune qui s'échappaient en frétillant du plateau de la balance.

Il avait une telle exigence et s'y entendait si bien pour sélectionner sa marée que les espèces les plus communes, plies, congres ou roussettes, étaient comme transfigurées en passant par sa boutique. Quant aux poissons plus nobles, ils atteignaient chez lui de tels sommets de délicatesse que nous n'avons jamais osé imaginer les accommoder autrement qu'au naturel.

Seul poissonnier de la Hague (ses plus proches confrères officiaient aux confins de Cherbourg, à une demi-heure de route), il avait souvent plus de clients que de poissons. Aussi, des années durant, le premier geste de Chantal au réveil fut-il d'allonger le bras pour décrocher le téléphone et appeler M. Néel pour lui demander d'une voix encore ensommeillée de nous réserver quelques-unes de ses époustouflantes bêtes à écailles – nous ressemblions, j'en ai peur, à ces phoques de la banquise qui, dès le point du jour, paniquent à l'idée qu'ils pourraient manquer de ces kilos de chair nacrée et iodée sans laquelle ils ne sauraient survivre.

Les lendemains de tempête, les bateaux n'ayant

pas pu appareiller et Roland Néel se refusant à vendre du poisson qui n'était pas sorti de l'eau la nuit même, il arrivait que l'étal fût quasiment vide. Devant notre désarroi, M. Néel se comportait alors comme l'héroïque pélican du poème de Musset :

— Ma femme et moi, on s'était mis de côté pour le déjeuner un joli petit saint-pierre (ou une barbue, ou une paire de raitons, parfois même un homard). Bon, il est à vous. Passez le prendre quand vous voulez. Régalez-vous, et surtout ne vous inquiétez pas pour nous.

Si féroce et obsédant était notre désir de poisson néelien que j'avoue que nous n'avons jamais hésité à donner suite à cette invite et à arracher littéralement le poisson de la bouche de Roland et Chantal Néel : ces jours-là, les gentils phoques se transformaient en deux infâmes ours blancs prêts à tous les égoïsmes pour assouvir leur ichtyophagie.

La fermeture de sa poissonnerie fut pour tout le monde un coup très dur. Et pour nous, presque une tragédie. Mais tant qu'à faire, il nous sembla préférable qu'elle fût rachetée par une banque qui cherchait à agrandir sa succursale de Beaumont plutôt que par un autre poissonnier : comme Gisèle et Michel Bigot, comme notre aubergiste taupier, Roland Néel fait partie de ces gens qu'on ne peut tout simplement pas remplacer.

Mais si M. Néel n'est plus poissonnier, il reste passionné. Il continue, à bord de son canot, à traquer le bar, le surmulet ou la raie, dans les eaux remuantes de la pointe de Jardeheu, près d'Omonville-la-Rogue.

Et chaque année au déclin de l'été, comme pour nous consoler un peu de la mélancolie qui nous étouffe à la pensée de devoir bientôt quitter la Hague, il vient frapper à notre porte pour nous offrir un de ces poissons magnifiques qu'il a spécialement pêché à notre intention.

Bien que le bateau soit à mon sens la façon la plus enthousiasmante de se dépayser, il n'est pas absolument nécessaire de larguer les amarres (ni non plus de subir les affres de la moutarde Coleman's) pour vivre chez nous à l'heure anglaise.

Non seulement France Inter ou Europe 1 – et je ne parle pas de France Culture ! – sont fréquemment « masquées » par telle ou telle des stations britanniques qui, sur notre littoral, monopolisent la bande FM, mais encore est-il impossible, depuis la maison, de téléphoner d'un portable sans passer par un opérateur anglais.

Il paraît que de puissants relais vont bientôt être implantés pour desservir ces expatriés des télécommunications que nous avons parfois l'impression d'être. Mais, au fond, je ne suis pas si pressé que cela arrive : quand on a eu une enfance bercée par des films comme *Passeport pour Pimlico* ou *La souris qui rugissait*[1], comment ne pas jubiler à l'idée de devoir composer l'indicatif international 33 (celui qui permet d'obtenir la France depuis l'étranger) pour appeler les Bigot dont la maison ne doit pas être éloignée de beaucoup plus de vingt mètres de la nôtre ?...

---

1. Deux des films « sécessionnistes » les plus désopilants que je sache : *Passeport pour Pimlico* est l'histoire d'un quartier de Londres qui, à la suite de la découverte d'un vieux grimoire, en vient à revendiquer son indépendance – tandis que *La souris qui rugissait* raconte comment une principauté lilliputienne, dont les forces armées comptent quelque chose comme douze hommes, déclare la guerre aux États-Unis d'Amérique... et la gagne !

9.

ON N'EN A JAMAIS FINI avec une maison.

Comme le corail, son aspect minéral et figé n'est qu'un leurre : en fait, c'est une entité vivante qui n'a de cesse de se développer au détriment de la tranquillité d'esprit, de la paresse et des économies de ceux qui l'habitent.

Chaque année, Chantal et moi poussons un soupir de soulagement avec le sentiment du devoir accompli et la certitude d'en avoir terminé avec les travaux. Et bien sûr, il nous vient chaque année une nouvelle idée.

On croit sincèrement avoir aménagé tout ce qui pouvait l'être, lorsqu'on redécouvre soudain, dans un recoin du jardin, l'antédiluvienne cabine avec sa porte percée d'un losange, qui, au temps des anciens propriétaires, abritait des « toilettes » d'appoint. Et de la fixer avec ce regard concupiscent de vautours affamés repérant un voyageur égaré au fond d'un canyon : allons-nous laisser ce moche truc-là nous narguer sans lui fondre dessus et lui régler son compte d'une manière ou d'une autre ?

L'hypothèse aujourd'hui la plus recevable est que cet édicule sera un jour dévolu au rangement des outils de jardin.

Mais d'autres aménagements sont envisageables. Au nombre desquels sa conversion en superbarbecue, que nous inspire (à moi en tout cas) le souvenir de l'époque où nous nous étions pris d'une véritable folie pour les harengs grillés.

Après quelques essais *indoor*, nous étions arrivés à la conclusion que, sauf à accepter de survivre en tâtonnant dans une épaisse fumée grasse, il était impératif d'aller griller nos clupéidés hors de la maison.

À cet effet, nous avions fait l'acquisition d'un petit barbecue qui commença par nous donner pleine satisfaction. Jusqu'au jour où une averse d'apocalypse s'abattit sur notre feu, transformant les braises en un magma noirâtre, les malheureux poissons en de pauvres loques molles et délavées, et notre espérance de festin en un cataclysme pompéien.

— La conclusion qui s'impose, dit Chantal avec son pragmatisme habituel, c'est que nous allons devoir nous passer de harengs grillés les jours de pluie.

— Et s'il pleut plusieurs jours d'affilée ?

— Ça, évidemment, quand on raffole comme nous du hareng grillé, il semble inconcevable d'en être privés plus de quarante-huit heures.

— Autant demander à un panda de renoncer à grignoter des bambous, appuyai-je.

— D'un autre côté, il est exclu de les griller sous la pluie – nos harengs.

Après mûre réflexion, il nous apparut que le seul palliatif était d'abriter le barbecue sous un auvent. Le syndrome de l'oncle Podgers m'interdisant de seulement envisager de construire de mes mains un petit toit en dur, je décidai d'en confectionner un en carton. Ça sentirait le bidonville et la favela, ça deviendrait rapidement tout mou sous l'effet de la détrempe pluviale, mais ça serait peu coûteux et facile à remplacer.

Je réussis tant bien que mal à coincer un long morceau de carton d'emballage au-dessus du barbecue, et dès lors les harengs purent griller tout leur soûl à l'abri des intempéries.

Ma situation était moins enviable que la leur : le carton n'étant pas assez généreux pour nous abriter eux et moi (plus grand, il offrait trop de prise au vent, s'arrachait du mur et allait finir dans un coin du jardin avec des soubresauts de chauve-souris agonisante), je devais opérer encapuchonné et revêtu d'un ciré – ce qui n'empêchait pas la pluie de s'infiltrer dans mon cou et de dévaler, glaciale, le long de ma colonne vertébrale.

Je ne me rappelle plus si mon héroïsme eut des limites, si nous finîmes par nous lasser des harengs, ou bien si, plus prosaïquement, nous nous trouvâmes à court de carton, mais toujours est-il qu'au bout de quelques mois nous changeâmes de menu et entreprîmes une cure de moules marinière.

L'auvent en carton avait toutefois donné une idée grandiose à Chantal : celle de faire une véranda.

Plus une maison est petite, plus les fautes de goût sont flagrantes. Tel oculus qui se remarquerait à peine sur la façade d'un château prend, sur une maison crapoussine, des allures d'œil cyclopéen. Aussi, dans cette affaire de véranda, marchions-nous sur des œufs : la construction, pensions-nous, devait être d'une modestie au diapason de la maison contre laquelle elle serait accolée, et surtout se fondre dans le paysage. Comme le paysage, c'est-à-dire le jardin, était au format de poche, la véranda ne pouvait décemment pas offrir le volume d'une marquise de gare.

Furieusement minimaliste, le premier projet que

nous soumîmes au maçon ne laissa pas de rendre celui-ci circonspect :

— Pour ce coup-là, dit-il, j'ai bien peur de ne pas être l'homme qu'il vous faut. À votre place, je m'adresserais plutôt aux PTT.

— Ah bon, parce qu'ils font des vérandas, maintenant, aux PTT ?

— Que nenni, rétorqua l'excellent M. Hallegate. Mais si je me base sur les mesures que vous m'indiquez, ça n'est pas une véranda que vous avez en tête, c'est une cabine téléphonique – et encore, pour tenir à deux là-dedans, ça va faire juste !

— Asseyons-nous, dit Chantal, et négocions.

Ma femme ayant accepté que notre future véranda fût un peu plus grande que prévu, et le maçon qu'elle fût un peu plus courte, tous deux finirent par s'accorder sur une surface au sol idéale.

Et en quelques semaines, le génial artisan fit sortir de terre la plus harmonieuse, la plus discrète et en même temps la plus vivable des vérandas.

C'est désormais derrière sa verrière qui fait saillie (et non pustule) dans le jardin que, durant les beaux jours, se concentre l'essentiel de la vie familiale.

On y travaille, on y papote, on y prend nos

repas, on y reçoit nos amis, on y fait nos petites fêtes – mais, curieusement, l'idée d'y griller des harengs ne nous a plus jamais effleurés.

C'est par elle que, de fin juin à début septembre, transitent les innombrables livres parmi lesquels se trouve – forcément – le futur prix Goncourt.

Je ne peux m'empêcher de penser que c'est une forme de privilège pour les romans de la rentrée que de s'attarder quelques jours dans cette pièce dédiée aux simples bonheurs de l'été. Extraits de leurs enveloppes matelassées, alignés sur la tablette qui court tout le long du vitrage, ils sont aussitôt soupesés, humés, palpés, feuilletés par Chantal et nos fils, ou par des amis de passage émoustillés par tous ces volumes inconnus, mystérieux, où sont insérés de petits papillons spécifiant qu'il ne faut surtout pas parler d'eux avant la date encore éloignée (il s'en faut parfois de trois bons mois) de leur mise en librairie – comme s'ils étaient des enfants romans nés un peu avant terme et qu'il faudrait tenir encore en couveuse, ce à quoi se prête d'ailleurs admirablement la véranda toute chaude de ses longues heures d'ensoleillement.

Quand la chatte Obladi escalade une pile de bouquins pour voir de plus près les oiseaux qui font les fous dans les eleagnus, ou qu'elle s'allonge voluptueusement sur une jaquette que le soleil a tiédie, je me dis que les auteurs de ces livres ne sauront jamais à quel point leur labeur, leur talent si souvent, leurs angoisses presque toujours, ont fait partie, le temps d'un été, de ma vie quotidienne.

Bien que destinés aux maussaderies de l'automne, aux froideurs de la critique, à nos verdicts parfois injustes ou, ce qui est le plus désespérant de tout, à l'inappétence chronique d'un lectorat peau de chagrin, tous ces livres auront, à défaut d'obtenir le Goncourt, du moins commencé leur carrière dans la lumière, la joie de vivre et la curiosité attendrie que je leur porte à tous – *à tous*, oui, car c'est le seul moment où ils sont encore pour moi tous égaux en droits et en devenir.

Je revois avec une absolue précision cette place dans notre véranda où de futurs lauréats comme *Le Testament français* d'Andréï Makine, *Le Chasseur Zéro* de Pascale Roze, *Rouge Brésil* de Jean-Christophe Ruffin ou *La Bataille* de Patrick Rambaud, ont attendu que je m'empare d'eux pour leur faire grimper le périlleux escalier épave qui mène à mon nichoir sous les toits, pour les ouvrir et les découvrir enfin, là-haut face à la mer dont l'éclatement soyeux contre les rochers correspond parfois, avec un synchronisme étonnant, au bruit de la page tournée.

Cette véranda semble d'ailleurs douée d'un pouvoir magique qui lui permet non seulement d'absorber les trois à quatre cents ouvrages qui, chaque année, prennent le départ de la course au Goncourt, mais aussi de se transformer en une sorte d'agora capable de recevoir des foules considérables – du moins à l'échelle de ses dix-huit mètres carrés.

C'est ainsi qu'elle réussit un jour le prodige d'accueillir un groupe d'une vingtaine de séminaristes belges, tous assis, tous munis d'une assiette, de couverts et d'un verre, situation que nous n'avions pas crue possible quand leur visite nous avait été annoncée.

J'ajoute (sans aller jusqu'à voir là l'explication de ce quasi-miracle de la multiplication non pas des pains mais de l'espace vital) qu'en prologue au pique-nique des séminaristes, nous avions converti notre salon en chapelle le temps d'une messe concélébrée par trois prêtres qui, en guise d'autel, officièrent sur ce qui nous sert habituellement de table basse – c'est-à-dire sur la sœur jumelle de cette espèce de civière porte-bagages que l'on peut voir au début de *Mort à Venise* de Visconti, lorsque Dirk Bogarde, alias *Herr* Aschenbach, débarque à l'Hôtel des Bains.

Cet objet détourné fait partie des quelques petites choses curieuses, ayant de préférence un rapport avec la mer, que nous avons chinées ici ou là, à défaut de meubles de valeur ou de bibelots rares dont notre modeste ex-logis de pêcheur se serait mal accommodé.

De babiole en bagatelle, la maison a ainsi peu à peu trouvé son atmosphère, celle d'un lieu où l'on a privilégié l'histoire des gens simples sur l'histoire de l'art. On n'a pas chez nous l'occasion de pousser des oh ! et des ah ! d'admiration extasiée, mais on peut se laisser aller à rêver en regardant, adossée au mur du salon comme au parapet d'une jetée, une minuscule barque en bois bordée à clins, apparemment prête à naviguer, qui fut sans doute un jouet façonné par un pêcheur de jadis qui n'avait pas de quoi offrir à son fils une bourgeoise auto à pédales, ou deux poissons en terre vernissée dénichés dans une arrière-boutique d'Ho Chi Minh-Ville, ou bien une dent de cachalot gravée par un marin cap-hornier, ou encore deux morceaux de bois taillés par les habitants d'une île au large de Mombassa et dont ils font usage pour casser les pinces des crustacés dont ils raffolent autant que moi. Je soupçonne d'ailleurs ces mini-massues d'avoir été « chargées » de pouvoirs magiques car, à les voir, on ne croirait jamais qu'elles puissent seulement briser un œuf ; or, sans doute à cause de leur forme bizarre et de la densité du bois dont elles sont faites, leur force de frappe est époustouflante : grâce à elles, nous avons même réussi à enfoncer un clou dans l'un des murs de granit de notre maison, ce que nous n'étions encore jamais parvenus à faire sans avoir recours à Michel Bigot et à sa puissante perceuse à percussion.

Lorsque nous nous installâmes à La Roche, un antiquaire de marine tenait boutique au havre de Goury.

Haut en taille, en verbe et en couleur, Éric s'accordait parfaitement au paysage. On allait lui rendre visite pour les mêmes raisons qu'on allait voir la mer : pour le plaisir d'assister à des excès d'emportement et de générosité.

Il habitait une des maisons du phare où, d'après une rumeur qui court la haute lande, Jacques Prévert aurait, avant de mourir, caché le manuscrit de son tout dernier poème.

Pourquoi aurait-il fait ça ? « Parce qu'il était sacrément facétieux, supputait Éric. Peut-être aussi parce que la Hague rend un peu fou. »

Je penchais pour une autre hypothèse, celle du contrepoison : l'enfouissement d'un poème pour équilibrer (et racheter ?) celui des déchets nucléaires.

Toujours est-il qu'en quête de ce trésor l'antiquaire de marine avait sondé les murs de sa tanière, ausculté les planchers, fouillé le moindre interstice de la charpente, poussé des goupillons jusque dans les coudes les plus inaccessibles des tuyaux d'arrivée d'eau.

Les seuls vers qu'il avait trouvés étaient ces pestes de tarets, minuscules bestioles vermiformes capables de percer tous les bois immergés – au point que c'est leur fringale qui, en 1734, a provoqué l'écroulement des digues de Hollande. Frustrés de ne plus pouvoir dévorer les bateaux en bois qui se font de plus en plus rares sur nos côtes, ils se rabattent désormais pour festoyer sur les boiseries domestiques attendries par l'humidité et gorgées de sel de mer.

En attendant de mettre la main sur le testament poétique qui pouvait faire sa gloire et sa fortune, Éric brocantait donc.

Il accumulait chez lui, dans une odeur où les fragrances d'encaustique et de dentelle fanée le disputaient aux effluves du varech et de la vase, un bric-à-brac où voisinaient un bidet à fleurs roses provenant de l'épave d'un paquebot englouti, des serviettes-éponges ayant servi à débarbouiller des sous-mariniers de la Kriegsmarine, et même un cendrier aux armes de la White Star Line réputé avoir fait partie de l'inventaire d'une cabine de première classe du *Titanic*. L'objet, 10,5 sur 4,5 cm, avait échappé au naufrage grâce à un bagagiste indélicat (ou intuitif) qui l'avait paraît-il chipé juste avant l'appareillage, et qui, sitôt connue la nouvelle de la tragédie, avait couru négocier son larcin à prix d'or chez un antiquaire de Southampton. Le cendrier avait alors connu quelques années de gloire, passant d'un manoir des Cotswolds à un appartement huppé de Kensington, jusqu'au jour où, comme tout ce qui se hausse un peu trop du col, il avait été aspiré dans la spirale de la désaffection, de la traversée du désert, voire du soupçon : après tout, disait-on de lui, ce n'était qu'un banal cendrier de la White Star, un parmi des milliers d'autres cendriers issus du même moule, frappés du même logo. Il n'était en effet accompagné d'aucun certificat prouvant qu'il eût jamais fait partie de l'armement hôtelier du *Titanic* ; et quand bien même, il était comme ces gens qui ont échappé à d'horribles carnages et se retrouvent complètement dévalués du fait même d'avoir survécu.

Échoué dans le capharnaüm d'Éric, le cendrier

du *Titanic* ne valait plus guère que par son poids de métal et le bagout de l'antiquaire :

— Je vous ai déniché là quelque chose de vraiment extraordinaire, disait ce dernier en nous poussant le cendrier sous le nez.

— Franchement, Éric, des comme ça, on en a déjà plein...

— Foutaises, mes amis : ce truc-là n'a l'air de rien, mais il a une histoire fabuleuse. Seulement, elle est un peu longuette. Restez donc dîner à la fortune du pot, je vous la conterai.

Nous acceptions sans trop nous faire prier, car l'homme était chaleureux et sa table somptueuse – sa « fortune du pot », généralement constituée de coquillages, homards, crabes et langoustines, excédait largement le prix qu'il pouvait espérer nous vendre l'improbable vieillerie qui lui avait fourni le prétexte de nous retenir à dîner.

Racontée par Éric, l'histoire de ses objets était en effet interminable. Moins du fait de ses péripéties que parce que notre hôte devait régulièrement s'interrompre pour laisser mugir la corne de brume toute proche – ou, quand il n'y avait pas de brume, parce que les hurlements du vent sauvage qui frappait sa maison de plein fouet rendaient son discours à peu près inaudible.

Malheureusement, le commerce des antiquités de marine avait peu de chances de réussir sur ces rivages où, des siècles durant, la population n'avait eu qu'à se baisser pour ramasser les innombrables épaves que la mer rejetait à la côte.

Pour cette raison (et quelques autres plus personnelles) Éric décida finalement de mettre la clé sous le paillasson. Après avoir tâté de l'élevage des poneys du Shetland et du dressage d'une impressionnante meute de chiens de chasse anglais qui, à défaut de courre le cerf et le renard, s'éparpillaient sur la lande d'Écalgrain en pourchassant furieusement l'ombre des nuages, l'antiquaire céda son antre à notre ami aubergiste.

Prenant le contre-pied de son prédécesseur, Pascal transforma la boutique en palais de la verroterie : le cendrier du *Titanic* fit place à des vide-poches en forme de roue de gouvernail, des torchons représentant le phare de Goury remplacèrent les serviettes de la Kriegsmarine, et des statuettes en coquillages collés envahirent les étagères où Éric avait aligné ses casques de scaphandrier, ses menus de gala du paquebot *United States* et ses piles d'assiettes ornées de l'ancre emblématique de la Marine nationale.

Ces objets fabriqués à la chaîne et qu'une décalcomanie labellisait *Souvenir de la Hague* étant évidemment trop étrangers (et pas seulement parce qu'ils venaient de Taiwan...) au décor que nous voulions pour notre maison, nous nous mîmes en quête d'un autre pourvoyeur de mémoire et de curiosités.

C'est ainsi que nous fîmes la connaissance d'un antiquaire cherbourgeois, Drieu La Rochelle, neveu de l'auteur du sombre et magnifique *Feu follet*.

À l'enseigne de La Fouine, Jacques Drieu La Rochelle tenait dans le vieux Cherbourg une échoppe bourrée d'insolites petites choses qu'il rapportait d'outre-Manche, notamment des théières désopilantes inspirées par l'univers de Lewis Carroll ou de Beatrix Potter, des commodes miniatures avec leurs tiroirs à secrets, et des collections de poids de balance anglais, spécifiés en *grains* (nul n'ignore qu'il faut réunir 15,432 grains pour faire un gramme), en *drams* (qui valent 27 grains) ou en *pennyweights* (système utilisé pour la pesée des matières précieuses et d'une valeur de 24 grains), et bien sûr en *oz* et en *pounds*.

Rien n'est plus divertissant, les jours où la tempête de suroît incite à rester douillettement calfeutré à la maison, que de se lancer dans la réalisation d'une recette de pâtisserie en utilisant ces poids qui sont assez perfides pour contrefaire, de façon indécelable à l'œil nu, l'apparence familière de nos braves poids français.

Surtout quand l'auteur de la recette vous prévient que la réussite de son gâteau dépend de l'exactitude scrupuleuse de la pesée de chaque ingrédient...

10.

MÊME SI NOS TROIS FILS n'y ont passé que leurs vacances scolaires (mais toutes sans exception), la maison au bord de la mer est indissociable de leur enfance – et aujourd'hui de leur jeunesse.

Elle est devenue une sorte de nomogramme, d'abaque qui nous permet de retrouver immédiatement à quel passage des garçons dans une classe supérieure, à quelle bouffée de leur croissance, à laquelle de leurs histoires d'amour, ont correspondu le ravalement du crépi, le changement de la couleur des volets, le remplacement des graviers par des dalles de granit bleu, la construction du bow-window, l'installation du bassin à grenouilles ou la plantation du *notofagus antarctica*...

Elle est aussi le livre ouvert dans lequel je peux inventorier le nombre (sans doute excessif) de bouquins, de scenarii et d'articles divers que, polygraphe par amour de la petite maison et de son bout du monde, j'ai écrits et continue d'écrire sans discontinuer pour en financer les transformations et les améliorations.

Mais il est un problème que nous ne pourrons jamais résoudre, même si un de mes prochains livres atteignait des tirages plus qu'honorables : le nombre trop restreint des chambres – trois à l'origine, puis quatre depuis la mise en service actif du petit *côtin*[1].

Ce qui oblige Chantal à jouer les aiguilleurs du ciel, mettant X... en circuit d'attente dans quelque gîte rural, tandis que Y... décolle en catastrophe afin de libérer la piste pour Z... qu'on n'attendait que demain et qui vient de téléphoner pour annoncer qu'il sera là ce soir.

Pour les architectes, les entrepreneurs, les notaires, et pour nous aussi quand il s'agit d'y empiler des invités, une maison se réduit à une surface utile, à un volume habitable.

Or la relation amoureuse qu'on entretient avec elle dépend davantage de la qualité du temps qu'on y passe que de la quantité d'espace qu'on y occupe.

---

1. Construction annexe d'une maison principale, en patois haguais.

La nôtre est petite, mais on y vit intensément. Sans doute traversons-nous cent fois par jour la même pièce, mais comme c'est à chaque fois dans une lumière et une humeur différentes, on a finalement l'impression d'habiter une maison de cent pièces.

Couleur de miel, tiède et ambrée, la chambre du soir ne ressemble en rien à sa sœur matutinale qui s'est gavée de vent toute la nuit – un vent qui l'a poudrée de bleu vif et frais, tandis que dans l'après-midi le soleil éblouit ses murs blancs comme il le ferait d'un village andalou.

Stylet au cœur de l'été, la maison est un cadran solaire – jusqu'au moment où elle devient cadran scolaire.

Alors, les panneaux publicitaires commencent à se couvrir d'affiches sur le thème de la rentrée. Où qu'il se porte, le regard bute sur des images géantes de cahiers, de trousses fluo, d'anoraks, de biscuits énergétiques pour la récré, de sacs à dos, de crayons-feutres, de calculettes qui marchent à l'énergie solaire, de bambins faussement guillerets. Les prix sont notés en rouge, en haut et à gauche, comme sur une copie d'interro écrite. C'est effroyable...

En quarante-huit heures, le paysage publicitaire est passé sans transition du parasol au capuchon.

Il pleuviote. Le ciel est terne. Ça sent le chandail mouillé, la pizza de cantine, la lumière part en poussière comme quand on efface le tableau noir.

L'odeur des cartables neufs m'a toujours fait l'effet des pollens de tilleul sur un asthmatique. L'angoisse me prend à la gorge, et elle serre fort. J'ai des palpitations, des oppressions, les mains moites et les pieds glacés, je me réveille en pleine nuit en proie à des pressentiments hideux. L'inspiration me fuit.

Comment expliquer que j'appréhende autant la fin des vacances puisqu'en réalité je ne suis jamais en vacances ? Je travaille en effet autant, et même beaucoup plus, dans la Hague qu'en région parisienne.

Mais dans la Hague, je me *sens* vacancier. Aussi haut que s'élèvent mes tours de dossiers, mes remparts de bouquins, je n'ai qu'à lever les yeux pour voir la mer.

En quittant la maison, j'emporte des souvenirs à la Hulot, crépuscules incendiés, agapanthes bleues, peaux salées, galets brûlants roulant sous les pieds nus, senteur des herbes miellées, siestes légères sur les chaises longues copiées sur celles du *Queen Elizabeth*, menuets d'abeilles en petits gilets de majordome allant et venant sous les tentures gris sombre des orages, ombres mauves, limonade tiède, amertume anisée des salades estivales, fourmis ailées montant en procession du dessous des pierres chaudes pour un premier et dernier vol d'amour et de mort, jacasseries huileuses des goélands, et tout là-bas, dominant le froissement de soie du ressac, la cognée un peu essoufflée du diesel d'un chalutier.

Enfant, je passais mes vacances dans une maison des Yvelines (on disait alors la Seine-et-Oise) que mon père, un soir que nous revenions de notre fameuse lameradovil, avait achetée sur un coup de tête, en quelques minutes, pour ne plus avoir à jeter l'argent par les fenêtres des hôtels de la côte normande.

Portes dégondées, volets pendouillant comme des poches décousues, elle sentait le corbeau, l'urine de cheval. Mais avec son église mitoyenne, son ancienne écurie, sa grange à grains, sa bergerie, son four à pain et ses bancs de pierre, elle portait bien son nom cadastral : le Village.

Avec beaucoup de peinture blanche, beaucoup de géraniums et de vieilles tuiles, avec énormément de lampes en opaline, de tommettes rouges et de meubles de ferme, des kilomètres de toile de Jouy et des hectolitres de vernis à bateau, avec surtout infiniment de patience et d'amour, mes parents en firent une grande demeure douce, qui bruissait tout l'été du chuintement des tourniquets d'arrosage et des milliers d'abeilles butinant ses vignes vierges.

Le jardin, plus ou moins en friche, était assez étendu pour que ma sœur et moi, lorsque tombait le soir, ressentions une petite peur délicieuse à le traverser jusqu'au portail du fond, en surveillant d'un œil inquiet Nénette et Rintintin, les deux moutons dont nous voulions croire absolument qu'ils étaient des lions, des loups, des jaguars.

À l'écart de tout élément liquide (il y eut bien, jadis, une mare assez profonde pour que le tambour du village réussisse à s'y noyer des suites d'un chagrin d'amour, mais elle est depuis longtemps tarie), c'est aujourd'hui une haute maison à poutres apparentes dont le salon cathédrale serait sans doute assez volumineux pour contenir la petite maison de la Hague.

Elle est devenue ma résidence principale. Sa superficie a notablement rétréci pour cause de partage familial. Je n'ai d'ailleurs plus peur du fond du jardin.

Autrefois, vers la mi-septembre, mon père procédait solennellement à la fermeture des arrivées d'eau pour éviter que le gel ne fît éclater les tuyaux, maman coupait des dahlias qu'elle enveloppait dans de vieux journaux pleins de mauvaises nouvelles, on faisait un dernier tour des fermes pour s'approvisionner en œufs frais, en persil, ciboulette et beurre.

J'enviais désespérément les petits campagnards. Pour eux, la vraie vie allait continuer. Un peu boueuse sans doute, mais les lourdes pluies sur la glaise sentiraient autrement bon que cette moche barbouille de crachin et de vapeurs d'essence qui détrempe les rues de Paris.

On partait toujours en retard sur l'horaire prévu à cause de la chatte qui s'arrangeait pour disparaître à la dernière seconde, aplatie derrière le fronton d'une armoire, lovée au fond d'un lit ou dans un trou du pigeonnier. C'était d'ailleurs la seule occasion où nos pigeons blancs non seulement toléraient sa présence dans leur citadelle, mais se coalisaient pour l'aider à nous échapper.

Car après l'avoir localisée, encore fallait-il s'en emparer. À cet effet, mon père appliquait une échelle contre le pigeonnier, y montait et glissait un bras au fond de l'alvéole :

— Ça y est, annonçait-il en tâtonnant, je tiens quelque chose. C'est doux et tiède.

— Plumes ou poils ?

— En tout cas, ça vibre comme si ça ronronnait.

— Rien ne ressemble plus à un chat qui ronronne qu'un pigeon qui roucoule, disait maman sans illusions.

Elle avait raison d'être circonspecte : neuf fois

sur dix, en ramenant sa main, papa ramenait aussi un pigeon.

Nous élevions une cinquantaine de ces oiseaux. À raison de l'extraction d'un volatile par minute, il fallait ainsi à mon père près d'une heure avant de saisir enfin la chatte par la peau du cou. À condition que les pigeons qu'il avait expulsés n'aient pas aussitôt réintégré leur pigeonnier par un autre trou pour s'interposer de nouveau entre la chatte et nous.

Pleine de fleurs mouillées, la voiture empestait la Toussaint. Je me sentais arraché, déplanté vif. On s'immisçait dans un flot d'autres voitures sur les vitres embuées desquelles des enfants résignés dessinaient des voiliers, des vagues et des soleils naïfs. Sur les lunettes arrière se vautraient des bouées-canards à moitié dégonflées, roulaient des jouets de plage encore tout grenus de sable, palpitaient misérablement des cerfs-volants aux ailes déboîtées. À la radio, Bardot chantait cette foutue *Madrague* qu'on nous passe en boucle à chaque rentrée, comme si tout n'était pas assez lugubre comme ça.

Le temps des vacances scolaires, qui conditionne forcément celui que nous nous autorisons à passer dans la Hague, a raccourci de façon drastique depuis mon enfance.

Mais la nostalgie est toujours ce qu'elle était. En pire.

Jusqu'à la mi-août, je ne décompte pas les jours. Je vis dans une sorte de béatitude larvaire, tiède et molle. Chaque année, il me semble que rien ne pourra me faire quitter mon cocon haguais qui, pour être de granit, n'en est pas moins le refuge le plus soyeux du monde.

Mais à partir du 15, ma condition de chenille processionnaire commence à se dégrader sérieusement, du moins au plan du mental.

Ce n'est pas tant la perte quotidienne de quelques minutes de soleil qui me déprime, que l'approche de la date symbolique du 1er septembre : au début de notre installation dans la Hague, la saison estivale s'achevait officiellement en ce jour de saint Gilles, le patron du village.

Le comité des fêtes organisait un défilé de chars. Il n'y en avait que trois ou quatre, mais absolument somptueux, croulant sous des cascades de fleurs en papier crépon de toutes les couleurs. Michel et Gisèle Bigot étaient parmi les « horticulteurs » les plus performants, produisant chaque hiver des quantités prodigieuses de ces fleurs qu'ils façonnaient entre un rafistolage de leurs casiers à homards, la culture de leur potager et les soins maternels prodigués aux centaines de petites cailles qu'ils faisaient éclore dans une couveuse.

C'était ma dernière journée de sérénité avant d'entamer l'intolérable compte à rebours. À compter de cette date, même le fait de taxer d'une amende de dix francs tout membre de la famille qui laissait échapper les mots honnis de retour, rentrée ou école, devenait un exorcisme inopérant.

Le cœur déjà serré, je regardais nos trois garçons hilares, déguisés en plaquettes de beurre normand, en homards ou en gigots de pré-salé, parader sur les chars de la Saint-Gilles qui cahotaient à travers les champs gorgés de pluie salée.

Devant l'Auberge de Goury où quelques forains avaient installé leurs stands crépitaient les derniers tirs des carabines à plombs.

— C'est fini, disait Chantal. Rentrons, j'ai les bagages à faire.

Depuis deux ou trois jours, elle avait commencé à rassembler les valises dans la chambre. D'être encore vides et flasques faisait paraître celles-ci plus menaçantes : elles avaient l'air de répugnants estomacs prêts à avaler et à digérer tout ce dont l'été, cette fois encore, m'avait comblé.

— Allons, viens, insistait mon épouse. Fermer la maison, tu sais, c'est du boulot.

— Et si on ne la fermait pas, dis, pour une fois ?

— On reviendra.

De fait, après deux ou trois de ces fins de saison déchirantes, nous commençâmes à réaliser que rien ne nous empêchait de retrouver notre maison du bord de mer sous la grisaille de la Toussaint, la froidure de la Saint-Sylvestre, les brumes de février.

On nous regarda comme si nous avions annoncé notre intention d'aller passer Noël chez les Inuit. On nous mit en garde contre les avatars incontournables des résidences secondaires que l'on tente de faire vivre à contretemps. Notre maison, nous assurait-on, ferait montre de l'humeur exécrable d'un ours tiré de force de son hibernation : en sus des tempêtes hivernales qui nous priveraient d'électricité (elles le font quelquefois, mais elles ne peuvent rien contre nos bougies parfumées à la figue), nous allions devoir affronter des lits froids et une humidité pénétrante (c'est vrai, le salon fut une fois inondé jusqu'au-dessus des plinthes par une source inopinément jaillie de derrière le canapé, mais pour avoir autrefois travaillé pour une société spécialisée dans les éponges, Chantal est une véritable experte en assèchement).

On s'inquiétait surtout de savoir où diable, entre la mer déchaînée et nos landes fouettées par le vent, nous allions bien pouvoir célébrer la Saint-Sylvestre dans l'atmosphère de gaieté débridée qui convient à l'événement. Nous répondions que nous tenions notre petite maison pour l'endroit le plus guilleret, le plus joyeux, le plus festif qui soit. Surtout quand les ténèbres qui l'assaillaient étaient particulièrement sépulcrales et tourmentées.

On nous prit pour des fous et, à l'exception de nos enfants et de quelques rares amis très sûrs, personne ne se porta jamais volontaire pour venir célébrer l'an neuf avec nous.

Sans doute ses précédents occupants ne s'étaient-ils guère souciés de la façon dont la maison passait la saison froide. Eh bien, ils avaient tort : je n'ai jamais vu une maisonnette mieux disposée à faire le bonheur d'une famille qui ne demande rien d'autre que d'y être douillettement blottie.

Nous découvrîmes ainsi que, l'hiver, la véranda constituait une vaste glacière naturelle où, à la place des romans du Goncourt et des séminaristes belges, nous pouvions entasser tout ce qui était nécessaire à nos agapes.

À mi-chemin du grand souk d'Istanbul et d'une succursale de Fauchon ou d'Hédiard, elle exhale alors d'étranges associations de senteurs : varech et poireaux, safran et truffes en chocolat, ananas de Côte d'Ivoire et fromages de Munster, nougat et poisson fumé, truffes et bigorneaux, parfums auxquels se mêlent les effluves caoutchouteux des vestes de quart et des bottes de mer qu'il serait suicidaire de ne pas enfiler pour mettre le nez dehors.

Loin des soirées parisiennes en smoking et robe du soir, nous avons passé nos premiers réveillons haguais en tablier de cuisine.

Tandis que j'ouvrais les coquillages, Chantal préparait ce que je tiens pour son chef-d'œuvre : un énorme jambon rôti à la suédoise, c'est-à-dire caparaçonné d'une cuirasse d'épices épaisse de plusieurs centimètres, et dont la cuisson exige plus de dix heures pendant lesquelles de puissants arômes exotiques envahissent et saturent l'atmosphère. Si la véranda dégage des relents de vieux cargo, la maison embaume alors le clipper retour des Indes.

Aujourd'hui, nos fils ont grandi et réveillonnent avec leurs amis.

Le jambon rôti à la suédoise étant un peu trop conséquent pour deux et l'Auberge de Goury étant généralement fermée le 31 décembre, nous nous offrons une escapade dans un de nos restaurants favoris : le Moulin à Vent à Saint-Germain-des-Vaux ou le Chasse-Marée à Saint-Vaast-la-Hougue. Deux établissements qui préfèrent continuer à (très) bien faire ce soir-là ce qu'ils ont déjà fait tous les autres soirs de l'année – c'est-à-dire de simples mais admirables préparations de poissons – plutôt que de célébrer la Saint-Sylvestre par de prétendus, et surtout prétentieux, menus de gala où le cuisinier intervient surtout pour faire flamber l'addition.

Il n'est jamais très tard quand nous regagnons la maison. Il nous reste parfois une bonne heure avant le premier coup de minuit qui nous fera nous dresser d'un bond pour nous serrer et nous embrasser en murmurant : « Bonne année, mon amour, bonne année, et que notre petite maison nous retrouve aussi heureux l'an prochain ! » – une heure privilégiée, hors du temps, que nous passons au coin du feu à siroter du chablis et à croquer des chocolats aussi délicieux que la mauvaise conscience qui accompagne leur dégustation. Qu'importe, nous avons dîné léger – le tronçon de turbot grillé était si savoureux que la sauce hollandaise est restée dans la saucière.

Le cercle de lumière que décrit le pinceau du phare révèle un rideau de pluie qui ondule sur la mer, scintillant et crépitant comme s'il était constitué de perles de verre.

Le vent de suroît touche la côte avant l'averse. Les raquettes des palmiers se renvoient ses rafales comme des joueurs de tennis se mitraillant de balles pendant les échauffements. Que les tamarins, les figuiers et les eleagnus s'en mêlent, que se trémoussent avec eux les bambous, les cannes de Provence et les graminées, et le vent de l'entre-deux-ans signe alors un ballet tellement échevelé que les danseuses qui s'agitent sur l'écran de la télé ont, du coup, l'air de porter des chaussons de plomb. Scandée par les coups de cymbales des vagues explosant sur le rivage, la bacchanale devient telle qu'il faut monter le son pour entendre l'animateur de service annoncer le passage à l'an neuf.

Qu'appelez-vous fête, bamboche ou nouba, si de telles soirées n'en sont pas ?

11.

ACCOLÉE À LA NÔTRE se dresse une maisonnette du même acabit.

Propriété de la commune, elle fut occupée quelques années durant par François et Geneviève P...

François, capitaine de la marine marchande, avait projeté de créer une liaison maritime entre Goury et l'île d'Aurigny, et avait acheté à cette intention un ancien *supply ship*[1] à la retraite et à la coque rouge, le *Sea Fox*.

Taillé pour affronter les océans les plus hargneux, ce navire avait un comportement à la mer irréprochable. Ce qui ne veut pas dire qu'il était confortable.

De fait, le *Sea Fox* se faufilait dans le maelström

---

1. Navire de servitude. En l'occurrence, celui-ci desservait des plates-formes pétrolières.

du raz Blanchard tel un goupil (il ne s'appelait pas renard pour rien) dans un poulailler : il se contorsionnait, bondissait, cabriolait, trépignait comme s'il cherchait à sauter sur des volailles qu'il était seul à voir, entraînant ses passagers dans une gigue effrénée.

Pour moi qui aime les bateaux ayant du caractère, fût-il ombrageux, le *Sea Fox* avait un charme fou. Mais je ne suis pas sûr que mon engouement ait été partagé par tous les passagers qui l'empruntèrent.

D'autant que, à l'exemple du renard son totem, ce coquin-là n'aimait rien tant que commettre des friponneries : un jour il perdait son hélice en pleine mer, une autre fois il se mettait à bouillir comme une cocotte-minute, ou bien l'un de ses moteurs cafouillait et s'arrêtait net pendant une manœuvre particulièrement délicate.

Ce n'est pourtant pas la seule déconcertante personnalité du *Sea Fox* qui entraîna l'arrêt de son exploitation.

L'une des raisons qui contraignirent François à jeter l'éponge fut que la ligne fonctionnait à sens unique : si nos compatriotes étaient prêts à risquer un mal de mer carabiné pour découvrir à quoi ressemblait Aurigny, les habitants de cette île estimaient que le petit port de Goury était décidément trop éloigné de tout négociant en fromages ou vins français pour justifier la traversée.

J'ai ouï-dire que le *Sea Fox* coulait désormais des jours heureux au service d'un artiste peintre qui en avait fait son atelier flottant pour « aller sur le motif ». Quant à François et Geneviève P..., ils quittèrent la Hague pour la Corse et rendirent à la commune les clés de leur petite maison.

L'idée nous vint alors d'acheter cette dernière pour jumboïser[1] la nôtre.

Ce serait, pensions-nous, le remède idéal au manque chronique d'espace dont nous souffrions. Nous ne serions plus obligés d'envoyer les garçons et leurs copains planter une tente dans le champ de la ferme du Gros Mont – un endroit délicieusement bucolique, mais qu'il leur faut accepter de partager avec des vaches, des moutons à tête noire, des oies, des renards, des taupes, des chats errants, des chauves-souris et des goélands.

Notre plan supposait évidemment que la maison fût à vendre. Or c'était loin d'être le cas : pour des motifs juridiques trop complexes pour être rapportés ici, la commune devait entreprendre de

---

1. En langage d'armateurs, la jumboïsation consiste à rallonger un navire en le coupant en deux et en rajoutant un tronçon entre les deux « tranches ».

longues démarches avant d'obtenir l'autorisation d'offrir à la convoitise générale celle que nous appelions déjà « maison bis ».

Mais nous avions fait montre d'une telle patience avant de dénicher, d'acheter, de remettre en état et d'occuper la nôtre, que l'épreuve ne nous paraissait pas insurmontable et que nous décidâmes d'attendre aussi longtemps qu'il faudrait l'heure de fondre sur notre proie.

De toute façon, collée à la nôtre comme une sœur siamoise, l'ex-maison des P... ne risquait pas de s'envoler – même si la toiture qui avait un jour atterri dans notre jardin avait bel et bien décollé de chez elle...

Pendant que la municipalité s'engageait avec détermination dans un labyrinthe administratif qui allait s'avérer plus tortueux qu'on ne l'avait imaginé, nous contemplions notre future acquisition avec ce sentiment de bonheur anticipé qu'on éprouve quand on sait que l'on va bientôt pouvoir quitter les chaussures trop étroites qu'on a portées toute la journée.

Nous ignorions à peu près tout d'elle, n'y étant jamais entrés que deux ou trois fois pour supplier les P... de faire enfin quelque chose pour que le conduit de leur cheminée cesse de nous asphyxier en diffusant sa fumée dans notre maison, ou pour élaguer leur vigne vierge survitaminée qui, en envahissant nos gouttières, faisait déborder les eaux pluviales et transformait notre véranda en *piazza* vénitienne un jour d'*aqua alta*.

Mais nous étions confiants : avec son toit de vieilles pierres, sa façade décrépite juste ce qu'il fallait pour lui donner du cachet, elle avait une sacrée bonne bouille.

Du moins de l'extérieur.

Parce qu'il suffisait de passer le seuil pour constater que maison bis était en réalité dans un état de déréliction avancé, voire au bord de l'insalubrité.

Notre maison, quand nous l'avions visitée pour la première fois, était en comparaison une merveille de raffinement en dépit de ses tuiles rougeaudes, de son crépi grisâtre, de sa peinture moutarde, de son sol en ciment et des grosses varices noires de ses tuyaux de poêle.

Mais la perspective de nous retrouver devant quelque chose qui évoquait moins une villa du bord de mer qu'une tortue morte pourrissant doucement sous sa carapace n'était pas suffisante à nous décourager. Après tout, maison bis n'avait pas vocation à être autre chose qu'une sorte d'annexe, et nous pensions pouvoir la rendre à peu près présentable grâce à quelques colmatages de première nécessité.

La phase initiale prévoyait de flanquer par terre

tout ce qui ne s'était pas déjà spontanément effrité, fissuré, désagrégé, crevassé, rompu ou éboulé.

Ensuite, à condition que le nœud gordien de fils plus ou moins à nu qui tenait lieu d'installation électrique ne provoque pas un court-circuit diabolique (quelques poutres passablement carbonisées du premier étage semblaient justifier cette méfiance), à condition aussi que les planchers et les escaliers résistent à un poids supérieur à celui d'un souriceau prématuré, à condition encore que l'on parvienne à évacuer les tonnes de poussière et la poignante odeur de scarabées crevés qui prenait à la gorge – ensuite donc, et ensuite seulement, nous pourrions installer la salle de bains dans la cuisine, transférer celle-ci dans ce qui paraissait être (ou avoir été) un salon, aménager une vaste pièce à vivre dans l'appentis, de pimpantes chambrettes dans le grenier, et faire émigrer côté mer les vasistas qui bâillaient bêtement sur un versant de colline planté d'orties, bardanes et autres chardons...

Bref, nous ne manquions pas d'excellentes idées sur ce qu'il convenait de faire pour métamorphoser cette triste Cendrillon en sœur siamoise de la nôtre.

Le seul problème était que nous n'avions aucune certitude de pouvoir l'acheter : d'une part, les innombrables obstacles juridiques à sa mise en vente étaient encore loin d'être levés, et, d'autre part, le maire nous avait honnêtement prévenus que ce n'était pas parce qu'elle était mitoyenne de la nôtre que nous devions espérer être considérés comme des acheteurs prioritaires.

D'autant que si la vente avait jamais lieu, elle se déroulerait peut-être selon le rituel des enchères fermées : chaque acquéreur en puissance indique sous pli scellé le prix qu'il est prêt à consentir et, à l'ouverture des enveloppes, c'est la proposition la plus élevée qui l'emporte.

Or nous n'étions pas franchement fixés sur la somme que nous étions disposés à investir.

En fait, celle-ci variait du simple au double selon l'étiage de nos finances (forcément fluctuant quand on exerce la très aléatoire profession d'écrivain) et la période fiscale où nous nous trouvions (nous révisions notre offre largement à la baisse à l'approche de chaque tiers provisionnel).

À quoi s'ajoutait que, travaillant alors sur le scénario du téléfilm *Napoléon* et impressionné par le prix que l'Empereur avait dû payer son insatiable appétit d'espace vital, je me demandais si la conquête de maison bis ne menaçait pas de devenir une campagne de Russie qui verrait nos économies fondre comme les effectifs de la Grande Armée : depuis notre arrivée dans la Hague, le prix des maisons avait été multiplié par cinq, le cours du ciment s'était envolé jusqu'à frôler celui de la truffe, et les peintres en bâtiment négociaient désormais leurs poils de pinceau au prix du vison.

Mais la vérité vraie est ailleurs : en absorbant la maison mitoyenne, nous risquions de dénaturer ce qui nous avait secrètement séduits dans la nôtre quand nous en étions tombés amoureux – sa modicité, sa simplicité, la facilité avec laquelle on pouvait aussi bien la clore au terme d'un long été radieux que la rouvrir pour un séjour éclair de quarante-huit heures.

C'est que, voyez-vous, on photographie notre lilliputienne sans avoir à reculer jusqu'à l'horizon, on la dessine d'un trait, sans que le crayon ait à quitter le papier. On se cause d'une pièce à l'autre sans qu'il soit besoin d'élever la voix. À la nuit tombée, il n'y a que deux portes à verrouiller. Une flambée dans la cheminée suffit à la dégourdir tout entière. Un rien de soleil, deux ou trois lampes, quatre ou cinq chandelles, c'est assez pour l'égayer. Une seule bougie à la figue l'embaume jusque par-dessus le toit. Un grillon chante dans l'âtre, et c'est bien – quand ils sont deux, c'est assourdissant.

Et puis, d'être si petite donne d'autant plus de grandeur farouche à la lande d'où elle semble avoir dévalé pour s'arrêter là, devant la mer qui roule à ses pieds.

Elle n'est qu'une minuscule ponctuation dans l'histoire infinie des maisons.

Pas même un point, non, juste la virgule qui indique une légère pause, une courte respiration.

Ce qu'est une vie, en somme.

Alors, à la surprise des gens du hameau, la vente se déroula sans nous.

Ce jour-là, nous nous trouvions au sud de la Sardaigne où j'étais parti m'imprégner de ce qui devait me fournir l'atmosphère d'une nouvelle que j'avais accepté d'écrire pour un ouvrage collectif.

J'aurais pu différer ce voyage, mais, d'un commun accord, Chantal et moi avions pensé que c'était mieux ainsi – plus respectueux pour notre maison.

C'est donc sous les palmiers de Villasimius que nous apprîmes que maison bis nous était passée sous le nez.

Nous n'en éprouvâmes aucune désillusion, nulle frustration ni regret. Une sorte de soulagement, plutôt, comme si en perdant délibérément cette chance unique de nous agrandir, nous avions sauvé quelque chose d'essentiel : l'âme, peut-être, de notre maison.

Et c'est en toute sérénité que nous levâmes

nos verres de vin sarde, un vin de sève pourpre, profonde et parfumée, à la prospérité de nos futurs nouveaux voisins.

Lundi de Pâques 2004, il fait beau, très doux, le raz Blanchard n'est qu'un léger frisson d'un bleu à peine plus soutenu que le reste de la mer.

Après-demain, le *Queen Mary II* entrera en rade de Cherbourg et viendra s'amarrer quelques heures au quai de France, devant la gare transatlantique que le romancier Alexis Salatko appelle si joliment, si justement, Notre-Dame des Queens.

Plus tard, après avoir par trois fois fait donner sa sirène, le paquebot appareillera et défilera devant notre maison.

Il sera un peu plus de vingt-trois heures. Pour mieux voir le navire immense, nous plongerons notre maison toute petite dans la pénombre : seules une ou deux bougies répondront aux illuminations grandioses du *Queen Mary II*. Ses passagers ne se douteront jamais que ces lointaines lucioles entraperçues (peut-être) depuis leurs hublots sont les feux d'une maison qui, depuis vingt-cinq ans, est l'une des plus simplement heureuses du monde.

Alors, je refermerai ma fenêtre pour achever l'écriture de ce livre.

La Roche (... évidemment !), 2002-2004.

Achevé d'imprimer sur les presses de

BUSSIÈRE

GROUPE CPI

à Saint-Amand-Montrond (Cher)
en avril 2007

POCKET - 12, avenue d'Italie - 75627 Paris Cedex 13

— N° d'imp. : 70355. —
Dépôt légal : mai 2007.

Imprimé en France